Comprendre

LE BAPTÊME D'EAU

Comprendre

LE BAPTÊME D'EAU

David Pawson

Anchor Recordings

Copyright ©1992, 2017 David Pawson

The right of David Pawson to be identified as author of this Work has
been asserted by him in accordance with the
Copyright, Designs and Patents Act 1988.

Published in Great Britain by
Anchor Recordings Ltd
DPTT, Synegis House, 21 Crockhamwell Road,
Woodley, Reading RG5 3LE

No part of this publication may be reproduced or transmitted
in any form or by any means, electronic or mechanical,
including photocopy, recording or any information storage
and retrieval system, without prior permission
in writing from the publisher.

Sauf indication contraire, les citations bibliques de ce livre
proviennent de la Bible dite à la Colombe
©1978 Société Biblique Française

www.davidpawson.com

www.davidpawson.org

info@davidpawsonministry.org

ISBN 978-1-911173-12-0

Printed by Lightning Source

Table des matières

	Introduction	7
1.	Une question de vie ou de mort	11
2.	Une pratique fort singulière	17
3.	Les gens sales ont besoin d'un bain	23
4.	Les morts ont besoin d'une sépulture	29
5.	Un cas d'identification	35
6.	Qu'y a-t-il dans un nom?	41
7.	Pour le croyant repentant seulement	45
8.	Eau et Esprit	53
9.	La porte de l'Eglise	61
10.	Symbole ou sacrement	69
11.	Le baptême vous sauve maintenant	75
	Appendice: Bébé ou croyant?	81

INTRODUCTION

Un orifice est découpé dans la glace d'un lac de Sibérie. On fait descendre une femme doucement dans le trou jusqu'à ce que les eaux glacées se referment sur sa tête. Rapidement retirée, elle s'éloigne de quelques pas jusqu'à une maisonnette avoisinante. Ses vêtements se raidissent en chemin sous l'effet du froid. Décongelée devant un feu de bois, elle s'associe à ses compagnons pour une célébration.

Dans l'Inde frappée par la sécheresse, une tombe est creusée. Elle est garnie d'un drap de coton blanc, sur lequel un homme vivant est étendu. Le drap est ramené sur son corps et humecté goutte à goutte d'une eau précieuse, jusqu'à ce qu'il soit trempé. Alors, il est retiré vivement et l'homme est relevé pour partager les festivités avec ses amis.

Dans des pays divers et sous des climats différents, la même chose se passe dans le monde entier, au rythme de plus de cinquante à la minute, trois mille à l'heure, environ soixante-dix mille par jour. Dans des ruisseaux, des fleuves, la mer et des piscines artificielles, grandes ou petites, des gens sont immergés dans l'eau, ce qui semble apporter la joie tant chez les participants que chez les spectateurs.

Que se passe-t-il? Si vous le leur demandiez, ils vous diraient que c'est ce qui s'appelle un "baptême". Pourquoi le font-ils? Ils vous répondraient qu'ils obéissent à Jésus-Christ, le Fils de Dieu. Comment savent-ils qu'il veut qu'ils agissent ainsi? Ils vous montreront leur Bible, et plus particulièrement la deuxième partie de celle-ci, le Nouveau Testament.

C'est ce que nous allons voir dans ce livre. Je vais tenter de vous faire comprendre ce qu'est le "baptême d'eau", en examinant ce qu'en ont dit et fait tant Jésus que ses apôtres. Sans perdre de vue cet objet principal, nous devrons aussi étudier comment l'Eglise chrétienne a appliqué (de façon juste ou détournée!) leur enseignement et leur pratique au cours des deux mille ans de son histoire.

Vous trouverez de nombreux renvois à des textes bibliques (avec les références des livres et les numéros de chapitre et de verset entre parenthèses; "s" signifie que le verset qui suit est également à propos). Ce serait une erreur de les chercher tous au cours de votre première lecture de ce livre; cela interromprait le fil de vos pensées. Mais vous éprouverez probablement le désir de vérifier certaines des déclarations les plus surprenantes.

Parfois, hélas, la Bible et l'Eglise disent des choses différentes. Nous devons choisir entre les deux, ce qui peut être douloureux et troublant. Ceci est particulièrement vrai pour ce qui est du baptême, comme nous allons le voir. Mais pour les disciples de Jésus la question est claire: nous ne devons pas, par nos traditions, rendre nulle la Parole de Dieu (Marc 7.13).

Le baptême peut coûter cher. A cause de lui, j'ai perdu mon travail, ma maison et ma retraite. Certains y ont même laissé leur vie, dans des pays dominés par une religion qui considère la conversion au christianisme comme une trahison.

Peut-être est-il bon que je vous avertisse avant que vous n'alliez plus loin! Il est impossible de parcourir un livre comme celui-ci par simple curiosité ou intérêt intellectuel. Il vous faudra examiner votre cœur en même temps que les Ecritures pour savoir quelle est votre position sur ce sujet. Il est difficile, peut-être même impossible de rester neutre.

Car le baptême n'est ni facultatif, ni accessoire à la vie

chrétienne. Il est fondamental à notre relation personnelle avec le Seigneur Jésus et, par conséquent, à notre salut éternel.

A NOTER

Une partie du contenu de ce livre, quoiqu'il n'y ait aucune citation, provient, avec l'aimable autorisation de l'éditeur, de mon étude beaucoup plus complète sur l'initiation chrétienne, intitulée: *La naissance normale du chrétien.* J'exhorte ardemment les pasteurs, évangélistes et travailleurs ecclésiastiques à s'en procurer un exemplaire, car il porte sur le sujet un regard plus approfondi.

1

Une question de vie ou de mort

La vie sur terre est impossible sans eau. La quantité d'eau sur notre planète est ce qui la rend unique parmi les innombrables corps qui tournent à toute vitesse dans l'univers. D'un certain point de l'espace, au-dessus de l'océan Pacifique, elle a l'air de n'être que de l'eau. La Bible dit qu'elle l'a effectivement été un jour. Des coquilles retrouvées sur le sommet de nos plus hautes montagnes le confirment.

Le composant essentiel de notre corps est également l'eau. Nous pouvons survivre plus longtemps sans nourriture que sans eau. Sans eau, nous n'aurions pas non plus de nourriture; la lumière et l'humidité sont essentielles à sa production. Quand le soleil et la pluie viennent ensemble, l'arc-en-ciel qui en résulte rappelle que Dieu a promis de continuer à nous les fournir tant que la terre subsisterait.

La boisson et la cuisson ne constituent pas la plus grande demande en eau. Le nettoyage est ce qui en nécessite le plus. Nous lavons nos corps, nos vêtements, notre vaisselle, nos vitres, nos voitures et une foule d'autres choses. L'invention de machines à laver pour bon nombre de ces fonctions a fortement accru notre besoin en eau, comme l'a également fait l'explosion démographique mondiale. Le manque d'eau fraîche et propre devient actuellement une menace sérieuse pour la survie de la race humaine.

Laver la saleté est à la fois un plaisir et une nécessité.

On se sent bien quand on est propre. Un bain ou une douche peuvent soulager notre esprit. Le contraire est également vrai. On ne se sent pas bien quand on est sale. C'est ce qui pousse certaines personnes à l'obsession de se laver fréquemment les mains et d'autres à la phobie de la contamination. Parfois, se laver le corps est considéré comme un soin pour la culpabilité morale. (On pense à Ponce Pilate et à sa tentative futile de "se laver les mains" de Jésus, après l'avoir condamné à être crucifié malgré la reconnaissance de son innocence; il n'avait sans doute pas imaginé que son nom d'homme serait le seul inclus dans tous les crédos humains au travers les âges – Matthieu 27.24).

Il n'est donc pas surprenant que des lavements cérémoniels ou des bains rituels apparaissent dans l'histoire humaine. Ainsi un marié peut être "purifié" avant son mariage, un adorateur avant de dire ses prières ou un prêtre avant d'offrir un sacrifice. C'est la reconnaissance qu'une chose pure ne doit pas être polluée. L'acte d'ablution est également considéré comme ayant affaire à plus qu'à la saleté physique; il a pour but d'éloigner toutes les sources possibles de souillure.

Nous sommes presque parvenus au point de comprendre le baptême chrétien, mais nous devons, tout d'abord, regarder un autre aspect de l'eau. Nous n'avons jusqu'ici parlé que de la façon dont elle entretient la vie; pourtant elle peut aussi la détruire!

Parfois la destruction est due à sa *qualité*, ou au manque de celle-ci. L'eau polluée est un vecteur bien connu de maladie. Des eaux usées non traitées et des déchets chimiques peuvent causer des ravages. Les plaies et les épidémies se propagent rapidement quand la fourniture en eau est interrompue ou contaminée.

La destruction est souvent due à la *quantité*. Les tornades et les tremblements de terre peuvent engendrer des raz de marée qui sont cause de pertes de vies, en même temps que de dommages aux biens. Le rétrécissement des ceintures de pluie autour de notre globe accroît la menace d'inondation en même temps que de sécheresse.

Pourtant, même quand les océans restent dans leurs limites, ils représentent une menace sérieuse pour la vie humaine. Bien que l'homme ait conquis la mer, navigué sur elle dans des bateaux et sous elle dans des sous-marins, la mer l'a souvent vaincu. Le fond des mers est jonché de vaisseaux naufragés et de marins noyés (même le "Titanic", dont il avait été dit avec arrogance que "Dieu lui-même ne pourrait le couler"). Le jour de la résurrection, la mer rendra ses myriades de morts (Apocalypse 20.13).

Par conséquent, de nombreuses personnes ont peur de l'eau, même au point d'une terreur paralysante, appelée "hydrophobie". Celle-ci n'est pas héréditaire, mais découle de certaines expériences ou associations malheureuses. Elle peut même provoquer la panique à l'idée du baptême, quoique ceux qui ont découvert son pouvoir de guérison soient nombreux!

Le peuple juif n'aimait pas particulièrement l'eau. Contrairement à ses voisins, les Phéniciens, qui furent les pionniers de la navigation d'après les étoiles et naviguèrent régulièrement jusqu'à des contrées aussi lointaines que l'Angleterre pour y chercher l'étain, Israël n'a eu ses premiers bateaux que lorsqu'une flotte fut fondée par le roi Salomon. Les Juifs auraient probablement été ravis d'apprendre que, dans la nouvelle terre que Dieu va créer, il n'y aura plus de mer (Apocalypse 21.1).

L'eau a cependant joué un rôle vital dans l'histoire d'Israël. Deux événements tout à fait spectaculaires sont gravés dans la mémoire nationale. Encore aujourd'hui, l'un des deux est rejoué chaque année lors d'une fête. Tous deux sont indirectement liés au baptême dans le Nouveau

Testament. Ce qui est significatif, c'est que dans les deux cas il s'agit littéralement de questions de vie ou de mort. Ou plutôt de mort ou de vie, parce que c'est dans cet "ordre" que les place la Bible, en particulier en relation avec Jésus (Apocalypse 1.18).

Le premier est l'énorme déluge aux temps de *Noé*. Un monde pollué par une perversion sexuelle et une violence sans bornes offensa Dieu au point qu'il regretta d'avoir créé des êtres humains indépendants (Genèse 6.6 est probablement le verset le plus triste de la Bible). Il résolut de laver la souillure en déversant une pluie torrentielle et des raz de marée (Genèse 7.11). Cependant, une famille de huit personnes, conduite par un père admirable, fut sauvée du déluge grâce à la construction d'un radeau couvert, fabriqué selon les instructions précises de Dieu. Les eaux qui noyèrent tous les autres devinrent le moyen par lequel cette famille traversa ce cataclysme, et elles la portèrent vers un monde propre, où l'histoire humaine pourrait connaître un nouveau commencement. On ne s'étonne guère que Pierre ait vu dans cette saga une analogie du baptême chrétien (1 Pierre 3.20s).

Le second fut la fuite miraculeuse hors d'Egypte aux jours de *Moïse*. Pris au piège entre les armées de Pharaon et la mer Rouge, les deux millions et demi de réfugiés hébreux encouraient un possible massacre ou un esclavage assuré. Providentiellement (ce mot signifiant "Dieu ayant pourvu"), un fort vent sépara en deux le bras de mer peu profond et un nuage cacha leur fuite de l'autre côté du lit. Les mêmes eaux qui protégèrent leurs flancs se refermèrent sur leurs poursuivants, noyant l'armée tout entière. Cette délivrance étonnante scella à la fois leur libération de Pharaon et leur loyauté envers Moïse. Paul dit qu'ils ont été "baptisés en Moïse" (1 Corinthiens 10.2), et les prend comme exemple de ceux qui sont délivrés de Satan et "baptisés en Christ" (Galates 3.27; nous en reparlerons plus longuement au chapitre 5).

Si ce n'est ces délivrances notables, qui "préfigurent" le baptême, celui-ci n'est jamais mentionné directement dans l'Ancien Testament. Ce qui s'en rapproche le plus serait l'obligation pour les prêtres de se laver avant de commencer leurs tâches saintes dans la tente de la rencontre et, plus tard, dans le temple (Lévitique 8.6). Certains prétendent qu'il y a un parallèle avec la circoncision des bébés mâles le huitième jour (et justifient ainsi le baptême des "enfants"); mais elle n'était pas faite dans le but de purifier et elle n'est jamais associée au baptême dans le Nouveau Testament (même si elle a fait l'objet du plus grand débat de l'Eglise primitive). Elle appartient à la chair juive et non à la foi chrétienne.

Nous avons épuisé tout ce que l'Ancien Testament peut nous dire de cette "pratique fort singulière" du baptême. S'il n'en est guère parlé dans l'Ancien Testament, il en est beaucoup parlé dans le Nouveau.

2

Une pratique fort singulière

Dans la majeure partie du monde, le mot "baptiser" est presque exclusivement utilisé comme un terme religieux se rapportant à une cérémonie de l'Eglise. L'eau y joue toujours un rôle, mais la quantité utilisée varie énormément, depuis une faible quantité déposée sur la tête jusqu'à une quantité suffisante pour que le corps tout entier y soit plongé!

Les personnes qui n'ont aucune connaissance du grec peuvent être excusées d'ignorer que ce mot faisait, et fait encore, partie du langage très ordinaire de la vie courante. On l'emploie chaque fois qu'un corps solide est immergé dans un liquide. Une tasse est "baptisée" dans une cuve de vin pour la remplir; une pièce de tissu est "baptisée" dans un bain de colorant. Un navire n'est pas "baptisé" quand il est lancé lors de son premier voyage, mais quand il coule lors de son ultime voyage!

Nous trouvons dans notre langue de nombreux équivalents: tremper, plonger, immerger, inonder. L'élément essentiel est le contact *total* entre le solide et le liquide. Si le solide est absorbant, alors "imprégner" ou "saturer" seraient appropriés (bien que ce ne soit évidemment pas le cas pour le corps humain).

La plupart des versions françaises de la Bible omettent de traduire le verbe grec par l'un quelconque de ces équivalents faciles à comprendre. Au lieu de cela, il est en général translitéré (simplement orthographié en lettres françaises, mais inchangé de forme). Ceci a caché, avec efficacité, le sens premier de "immerger" et a permis son application au déversement de l'eau (appelé "affusion") ou même à une petite aspersion.

La contradiction avec le sens du mot mise à part, ces derniers modes ne sont ni en accord avec la pratique néo-testamentaire (ce que nous allons voir tout de suite) ni en harmonie avec la signification que lui donne le Nouveau Testament (ce que nous verrons aux deux prochains chapitres). Dans les écrits apostoliques, le baptême est une immersion momentanée de tout le corps dans l'eau (Matthieu 3.16; Actes 8.38).

Quand cet acte hygiénique a-t-il acquis un but spirituel? Un homme, appelé Jean, a été le premier à être surnommé "*le baptiseur*" (ou comme nous pourrions le dire "le plongeur" ou "le trempeur"), ce qui laisse supposer qu'il fut le premier à faire une chose aussi extraordinaire.

Certains avanceraient qu'il ne fit que reprendre une pratique juive déjà existante, appelée "baptême des prosélytes", faite lorsqu'un non-Juif voulait devenir citoyen juif "naturalisé". Ses fils et lui étaient circoncis, puis il était, avec toute sa famille, immergé (pour éliminer par cette ablution toute trace de leur passé païen). Les enfants nés ultérieurement n'étaient pas baptisés, car ils étaient considérés comme nés Juifs, les enfants de sexe masculin devant être néanmoins circoncis.

Le problème avec ce raisonnement est que la première preuve de ce rite ne se trouve que longtemps après Jean. Jésus, les apôtres et l'Eglise primitive le faisaient déjà; si bien que nous ne pouvons savoir avec certitude qui l'a pris de qui. Si les candidats de Jean étaient déjà familiers du baptême des prosélytes, alors ils apprenaient qu'ils ne valaient pas mieux que les païens non-juifs aux yeux de Dieu et avaient tout autant besoin que leur vie soit nettoyée!

Laissons les spéculations pour nous tourner vers les certitudes. Nous savons que Jean a immergé des milliers de personnes dans le fleuve du Jourdain, cet acte constituant le point central de sa mission, qui était de préparer le peuple d'Israël pour la venue de son Roi (en hébreu: Messie; en grec: Christ). Il est clair également que Jean le considérait en termes moraux, insistant sur la confession des péchés et la preuve d'une réforme avant d'immerger. Nous pouvons en déduire qu'il n'acceptait que ceux qui avaient commis des péchés et qui savaient qu'ils en étaient condamnables. Les enfants en dessous de douze ans n'en feraient pas partie, puisque leurs parents étaient considérés comme moralement responsables de leur comportement. Un autre point à noter est qu'il s'agissait d'une responsabilité individuelle: personne ne pouvait confesser ni être baptisé "par procuration" pour un autre.

En plongeant les Juifs dans ces eaux boueuses au point le plus bas de la surface terrestre, Jean avait choisi un endroit très significatif. C'était le lieu même où leurs ancêtres, après la fuite hors d'Egypte et l'errance de quarante ans dans le désert, avaient traversé pour entrer dans la "terre promise". C'était en quelque sorte comme s'il leur disait qu'ils devaient recommencer à zéro, seulement, cette fois-ci, en étant propres.

C'est aussi un fait historique que Jésus lui-même a été baptisé. Jean, qui était par ailleurs son cousin, refusa tout d'abord de l'immerger. Il avait rejeté d'autres personnes qui refusaient de se repentir de leurs péchés, mais, dans le cas de Jésus, la raison du refus était diamétralement opposée: Jésus n'avait pas de péchés à confesser! Il était déjà reconnu pour son caractère unique. Jean voulait être baptisé par Jésus (montrant ainsi que le premier "baptiste" n'était pas lui-même baptisé!). Cependant, Jésus insista, coupant ainsi l'herbe sous les pieds de tous ses disciples qui prétendraient que le baptême n'était pas nécessaire.

Après avoir commencé son propre ministère, Jésus poursuivit cette pratique de l'immersion. En fait, à un moment, Jean et lui faisaient la même chose à seulement quelques kilomètres l'un de l'autre dans le même fleuve. Quelques cyniques tentèrent de les brouiller l'un avec l'autre en faisant remarquer que les baptêmes de Jésus se révélaient plus populaires que ceux de Jean. La réponse en dit long sur le caractère de Jean ainsi que sur son appel: "C'est lui l'époux, je ne suis que son garçon d'honneur. Il doit attirer sur lui plus d'attention, tandis que j'en attire moins" (Jean 3.22-36; ma paraphrase personnelle).

Le récit souligne qu'en fait Jésus déléguait l'immersion même à ses disciples, sans doute pour éviter l'odieuse comparaison sur la personne qui l'administrait. Remarquez que Pierre et Paul ont observé la même réserve une fois devenus populaires (Actes 10.48; 1 Corinthiens 1.14). L'identité du baptiseur n'a rien à voir et ne devrait pas être le centre d'intérêt. L'acte n'établit aucun lien particulier avec celui qui baptise.

Après les premiers mois, la pratique semble être passée dans l'arrière-plan du ministère public de Jésus (ou, du moins, ne fut plus considérée comme digne d'être mentionnée par les auteurs des Evangiles). Après sa mort et sa résurrection, Jésus lui a cependant donné une importance bien plus grande. Avant de retourner au ciel, il donna à ses disciples leurs "ordres de marche" pour une mission mondiale. Ils devaient faire des disciples dans toutes les "nations" (groupes ethniques plutôt qu'unités politiques) de la terre. Ils devaient le faire en deux étapes: premièrement, en les immergeant; deuxièmement, en leur enseignant à vivre selon les instructions de Jésus (Matthieu 28.19s).

Il n'est donc pas surprenant de découvrir que, le jour de

la Pentecôte, devant la réponse massive à sa toute première prédication publique, Pierre ait répondu, à ceux qui s'enquéraient de ce qu'il convenait de faire, qu'ils devaient "se repentir et être immergés" (Actes 2.38). Les bassins de Bethesda et de Siloé étaient à une distance aisément franchissable et quelqu'un qui s'intéressait aux statistiques compta, en ce premier jour de la mission de l'Eglise, trois mille baptêmes. A partir de ce jour-là, le baptême a continué à être la pratique universelle de l'Eglise chrétienne, quoique sous des formes, des significations et des applications souvent changées au point de le rendre méconnaissable.

En d'autres termes, il n'existe pas dans le Nouveau Testament de chrétien non baptisé. Cela aurait semblé une contradiction dans les termes (comme un "cercle carré" ou "de la glace frite"). Le baptême était un élément intégrant de *"l'obéissance à l'Evangile"* (2 Thessaloniciens 1.8). Il aurait été inconcevable de prétendre être un disciple de Jésus sans accomplir son commandement ni suivre son exemple sur ce point. Les lettres que Pierre, Paul et d'autres ont écrites aux premiers croyants considèrent comme allant de soi que tous les lecteurs ont été baptisés et peuvent se souvenir de l'événement.

Pour beaucoup tout s'arrête là. C'est une simple question d'obéissance: "Jésus m'a dit d'être immergé; s'il doit être mon Seigneur, je dois faire ce qu'il dit." Et si l'Ecriture s'en tenait à cela, l'affaire serait réglée. Nous pourrions demeurer curieux de savoir pour quelle raison le Seigneur voudrait tester notre soumission en insistant pour que nous soyons prêts à nous présenter trempés comme une soupe devant des spectateurs restés bouche bée! Cela ne lui ressemblerait assurément pas de nous ordonner de faire une chose quelconque si elle n'était pour notre bien, pour nous bénir, nous autant que lui.

En fait, c'est une erreur de considérer le baptême comme

quelque chose que nous faisons *pour* lui. Il ne s'agit pas d'un simple acte humain. Mis à part le fait d'accepter d'être baptisé et d'arriver au bon moment au bon endroit, le principal participant est plus passif qu'actif. Personne ne le fait pour lui-même, un autre le fait pour lui. Ceci est hautement significatif.

L'accent biblique n'est pas placé sur ce que nous faisons pour le Seigneur, mais sur ce qu'il fait pour nous. Le baptême est plus un acte de délivrance qu'un acte d'obéissance. En fait le baptême œuvre! Ou, plutôt, Dieu œuvre au travers du baptême pour notre bien.

Nous n'avons jusqu'ici considéré que la pratique: *comment* nous devons être baptisés. Il est temps de nous pencher sur son but: *pourquoi* nous devons être baptisés.

Plus de trente passages du Nouveau Testament attestent de la richesse de signification qu'il est possible de trouver dans ce simple acte (vous pourriez avec profit étudier ces passages, un par jour, pendant un mois). Deux aperçus ressortent clairement parmi les autres. Il s'agit à la fois d'un bain pour des gens sales et d'une sépulture pour des morts. Il est évident que seule l'immersion totale est une méthode adéquate pour exprimer ces deux aspects.

3

Les gens sales ont besoin d'un bain

La majeure partie de l'eau que nous utilisons sert au nettoyage. Nous ne cessons de nous laver, nous-mêmes et les choses qui nous sont liées.

C'est parce que la saleté est notre ennemie. Elle peut défigurer, endommager et même mettre en danger. Elle nous menace de maladie et de mort.

La vie est un long combat contre la saleté, comme le savent tous les petits garçons! Nous dépensons une somme considérable de temps, d'argent et d'énergie à la tenir en échec. Le moindre relâchement et la bataille est rapidement perdue. Inversement, il est beaucoup plus aisé de garder une chose propre quand elle commence propre.

Peu de personnes semblent avoir conscience de l'existence de deux sortes de saleté: la saleté "propre" et la saleté "sale". Il est plus facile de traiter l'une que l'autre.

La saleté "propre" reste à l'extérieur de nous. Les mineurs, les mécaniciens et les jardiniers en savent quelque chose. Elle est facile à enlever. Un bon brossage avec de l'eau chaude et du savon suffit en général à la faire disparaître. Notre peau nous y aide par son renouvellement naturel toutes les quelques semaines, éliminant par la mue les tâches les plus rebelles.

La saleté "sale" est à l'intérieur de nous. Elle pose un problème beaucoup plus difficile. Jésus y faisait allusion en disant que rien de ce qui entre par la bouche ne peut nous rendre impur, mais ce sont les choses ordurières qui en sortent qui le font (il citait la cupidité, l'orgueil, l'envie, la calomnie, le dérèglement et la tromperie – Marc 7.18-23).

Il existe même des cas où l'homme s'est pollué de pensées et de sentiments mauvais au point d'en être possédé par un esprit "impur", un des agents démoniaques du diable qui cherche à détruire l'image de Dieu en nous et à nous priver de notre destinée divine.

Nous parlons de la différence qui existe entre les impuretés physiques et morales. Hélas, nous sommes en général beaucoup plus préoccupés par les premières que par les secondes. Pour Jésus et son Père, c'est tout le contraire! L'enseignement donné par Jésus sur la saleté du cœur avait été dicté par la critique émise contre l'autorisation qu'il avait donnée à ses disciples de manger de la nourriture sans s'être lavé les mains au préalable.

Au pire, la saleté physique peut raccourcir la vie et la mener à une fin précoce. La saleté morale peut, pour sa part, engendrer une vie de misère sans fin dans la vie à venir (voir mon livre: *Le chemin vers l'enfer*, publié par Anchor Recordings). Cette dernière saleté est à la fois beaucoup plus dangereuse et beaucoup plus difficile à ôter. En fait, nous ne pouvons y parvenir de nous-mêmes. La plupart des personnes soit n'essaient jamais, soit abandonnent rapidement. La souillure est acceptée comme un état "naturel" ("après tout, personne n'est parfait"). Vivre une vie pure serait un exploit "surnaturel".

Et c'est effectivement le cas. La "bonne nouvelle", c'est que Dieu a envoyé son Fils, Jésus, pour nous rendre propres, et son Esprit pour nous garder propres. L'état "naturel" d'impureté n'est plus inéluctable; un état "surnaturel" de pureté est maintenant possible. Le nom même de Jésus a été donné parce qu'il est celui, et celui-là seul, qui peut "*sauver son peuple de ses péchés*" (Matthieu 1.21), nettoyant nos vies de l'intérieur.

Pour rendre cela possible, il a d'abord dû subir la

condamnation que nous méritions, ce qu'il a fait sur la croix, mettant à la disposition de chacun tant le pardon qu'une relation restaurée avec Dieu. Mais comment tout cela peut-il devenir nôtre? mien?

Au cœur de la réponse, bien que cela n'en soit pas la totalité, se trouve le baptême. Dès sa toute première introduction, l'intention de l'immersion des personnes dans l'eau était de les débarrasser de cette saleté "sale" que la Bible appelle "péchés" (remarquez le pluriel). Jean Baptiste dit qu'il est "***pour** le pardon des péchés*" (Marc 1.4: la préposition grecque est en fait EIS, ce qui signifie "dans, en entrant dedans" et elle exprime à la fois le but et le résultat d'une chose accomplie). Ainsi plonger dans le fleuve du Jourdain avait pour effet que les péchés étaient pardonnés.

Bien sûr, ce n'était pas tout à fait aussi simple que cela. L'eau n'était pas magique ni le lavage automatique. Les péchés devaient être confessés au préalable – spécifiquement et un par un (il n'y a dans l'Ecriture aucune notion de "confession générale" ou de "prière du pécheur"; les péchés étaient toujours nommés et le "Notre Père" se voulait plus un guide qu'une formule). Même avant la confession, il fallait qu'il y ait repentance des péchés, accompagnée de la preuve visible qu'ils n'étaient plus pratiqués (Luc 3.8). Sans ces "prérequis", personne ne s'attendait à ce que l'eau purifie la conscience (nous y reviendrons au chapitre 8).

Bien que de nombreux autres bienfaits aient plus tard été ajoutés à un baptême chrétien complet, le but initial de Jean est toujours resté celui de base. Le jour de la Pentecôte, Pierre dit à ses auditeurs: "*Repentez-vous et que chacun de vous soit immergé... pour le pardon de vos péchés*" (littéralement, "dans" le pardon des péchés - Actes 2.38). Jusque-là, c'est mot pour mot la prédication de Jean-Baptiste; cependant, Pierre y ajouta deux nouveaux ingrédients: le nom de Jésus-Christ et le don de l'Esprit Saint (voir chapitres 6 et 8).

Trois jours après sa rencontre avec Jésus, sur le chemin de Damas, Saul de Tarse (qui devint l'apôtre Paul) entendit ces paroles de la part du vieil Ananias: "*Pourquoi tardes-tu? Lève-toi, sois baptisé et lavé de tes péchés*" (Actes 22.16). Plus tard, Paul écrira à l'Eglise d'Ephèse une lettre, où il rappelle que Jésus est mort pour les laver ("les sanctifier") et qu'il l'a fait en les purifiant "*par l'eau et la parole*" (Ephésiens 5.26).

Un autre auteur apostolique invite ses lecteurs: "*Approchons-nous donc d'un cœur sincère, avec une foi pleine et entière, le cœur purifié d'une mauvaise conscience* (par le sang de Jésus) *et le corps lavé d'une eau pure*" (Hébreux 10.22). La même lettre aux Hébreux cite le baptême dans la liste des éléments fondamentaux des débuts de la vie chrétienne (Hébreux 6.2).

C'est cependant Pierre, le solide pêcheur, qui explicite le mieux ce point. Il souligne que cette immersion n'a pas pour but d'enlever la souillure du corps, mais qu'elle est à la fois une imploration adressée à Dieu pour une conscience pure et un gage de la conserver pure (1 Pierre 3.21).

Ainsi, il n'est pas attendu de l'immersion dans l'eau qu'elle ait un quelconque effet physique (bien que je connaisse un ancien "Hell's Angel" qui perdit un tatouage du diable lors de son baptême). Il n'en est pas davantage attendu qu'elle ait un effet émotionnel (même si c'est souvent le cas, depuis l'allégresse débordante jusqu'à la paix profonde). Ce qu'on attend d'elle, ce sont de réels effets moraux et spirituels qui seront ressentis dans la conscience.

J'ai eu le privilège de baptiser la star de la chanson bien connue, Cliff Richard. Il décrit l'événement dans son autobiographie:

«David Pawson avait auparavant fait allusion au baptême comme symbole d'un nouveau départ et je ressentais un étrange sentiment de légèreté en me hissant hors de cette petite piscine, tout trempé et dégoulinant. Ce n'était pas un sentiment de vide, mais une très vive conscience de ma réelle libération de tout ce qui m'avait empoisonné, entravé et rabaissé. C'est une partie du fantastique miracle que Dieu fait pour une personne.

Le christianisme ne parle pas d'une vie où, avec de la chance et beaucoup de force de volonté, vous devenez lentement de plus en plus propre jusqu'au jour où vous êtes enfin semblable à quelque ange blanc comme neige. En fait, le chrétien commence propre. Une fois que nous avons accepté pour nous-même tout ce que Jésus nous offre et que nous commençons à nous diriger vers lui, nous sommes sur-le-champ lavés, rincés et suspendus pour sécher et, je puis vous le dire, il y a de quoi vous emballer quand on peut marcher la tête haute, sachant que, pour ce qui concerne Dieu, il n'y a pas la moindre tache sur notre cahier.»

On aurait de la difficulté à trouver de meilleurs termes pour le dire. Peu de choses pourraient être plus bienfaisantes qu'un nouveau départ dans la propreté pour ceux qui se sont mis d'eux-mêmes dans un sale pétrin. Il n'est pas étonnant que le message chrétien soit appelé "l'évangile". Ce mot signifie tout simplement: bonne nouvelle.

Même si les bienfaits du baptême ne se limitaient qu'à cela, il serait infiniment profitable. Mais il y a plus, beaucoup plus. Ce n'est pas seulement un bain, c'est aussi une sépulture.

4

Les morts ont besoin d'une sépulture

Les animaux ne sont que rarement enterrés. Ceux qui meurent dans la nature sont éliminés par les charognards, du vautour à l'asticot. Les variétés domestiques sont soit mangées, soit brûlées, selon le mode de leur mort. Seuls les quelques-uns gardés si proches des êtres humains qu'ils sont considérés comme "faisant partie de la famille" peuvent s'attendre à reposer dans une tombe!

Il est bienséant de traiter un corps humain d'une autre manière, parce qu'il a appartenu à quelqu'un portant l'image de Dieu, ce qu'aucun animal n'a jamais eu. La vie humaine est sacrée. Traiter les humains comme les animaux est sacrilège.

L'un des buts de l'ensevelissement est de voiler, aux regards curieux, le spectacle repoussant d'un cadavre en décomposition, de sorte que le souvenir n'est pas teinté par ce processus dégradant, qui dérobe à la personne sa dignité après la mort. Même avant la mort, nous pouvons comprendre la description biblique: "*ce corps de notre humiliation*".

Dans certains pays, la coutume voulait qu'on expose les criminels qui avaient été exécutés à la disgrâce suprême de la putréfaction publique en laissant leur cadavre sur le gibet (pratique interdite en Israël; Deutéronome 21.23) ou en le jetant dans la décharge publique (ce que faisaient les Romains). Le corps de Jésus aurait subi ce destin (dans la vallée des ordures, hors des murs de Jérusalem, appelée Géhenne, que Jésus prenait toujours comme "image" de l'enfer), si Joseph d'Arimathée n'avait offert sa propre tombe.

Il est juste de donner aux êtres humains la dignité de

"funérailles correctes". Après des catastrophes maritimes, terrestres ou aériennes, la parenté est douloureusement frustrée quand les corps ne peuvent bénéficier de ce dernier service qui peut être rendu à ceux qui sont décédés. Bien que le corps ne soit plus une partie de la personne, et ne le sera jamais plus, nous le traitons néanmoins avec le respect que nous porterions à la personne à qui il a un jour appartenu. C'est tout ce qui "reste" à portée de nos soins. Quand Marie découvrit la tombe de Jésus vide, elle pensa encore au corps comme à une personne plutôt qu'à une chose, et demanda que le "jardinier" (en qui elle ne reconnut pas Jésus ressuscité) lui révèle où il avait été emporté (Jean 20.13).

L'ensevelissement est la séparation finale. Il coupe le dernier contact. C'est le dernier adieu. Dès lors, seuls subsistent les souvenirs. On parle du défunt au passé (j'ai remarqué que, jusqu'aux funérailles, on emploie le temps présent: "mon mari *est* dans la chambre"; pourtant, après l'enterrement ce temps change: "mon mari *était* un homme gentil").

C'est probablement la raison de l'importance accordée à l'ensevelissement de Jésus. Paul l'inclut dans les trois faits les plus importants de l'histoire et sur lesquels repose notre foi (1 Corinthiens 15.4). Le mot "enseveli" a été introduit dans tous les principaux "credo" (déclarations de foi) de l'Eglise chrétienne.

Il n'est pas là pour nous informer que Jésus a au moins reçu des funérailles décentes, même s'il a été exécuté comme un criminel. Il est là pour nous dire qu'il est bien mort. On a disposé de son corps comme il convient. Personne ne s'attendait à jamais le revoir. La tombe était son ultime lieu de repos. Seule une intervention surnaturelle pouvait modifier cet état de choses.

Mais le miracle a eu lieu! Dieu l'a libéré de la tombe, et même des linceuls. La vie ne pourrait désormais plus être la même pour Jésus, ni pour qui que ce soit d'autre. Des siècles auparavant, Dieu avait promis qu'il ne permettrait pas que le corps d'une personne vraiment sainte reste suffisamment longtemps dans la tombe pour se décomposer (Psaume 16.10). Puisque la décomposition s'installe le quatrième jour (Jean 11.39), le "saint" devait être ressuscité le troisième jour. Dieu tint sa promesse.

Enseveli – ressuscité. C'est aussi ce qui se passe au baptême. C'est la rupture finale avec l'ancienne vie, elle est désormais terminée. Cette ancienne vie centrée sur le moi, gâchée par le péché et séparée de Dieu, portait en elle la semence de sa propre mort, sa décomposition. Maintenant elle doit être ensevelie. Le corps qui avait servi d'instrument pour le monde, la chair et le diable doit être mis hors de vue, enseveli sous l'eau.

Chaque baptême est donc un service d'enterrement. C'est la raison pour laquelle nous ne nous baptisons pas nous-mêmes (les cadavres ne participent pas à leur propre enterrement). Comme le dit un de mes amis à tous ceux qu'il baptise: "Ce sont vos funérailles, profitez-en!"

Mais Satan ne s'en réjouit pas; il l'a en horreur. Il est en colère chaque fois qu'il perd l'un de ses disciples et il sait que le baptême est le signe que celui-ci échappe à son contrôle. Peut-être est-ce la raison qui le pousse à faire tant d'efforts pour dissuader avant et tenter après (il a même essayé de tenter Jésus). Ceci explique également que d'autres religions prennent le baptême beaucoup plus au sérieux que ne semblent le faire certains chrétiens, le considérant comme un acte ultime de trahison contre la foi dans laquelle celui qui est baptisé a été élevé (on rencontre parfois une attitude semblable vis-à-vis de ceux qui ont été "baptisés" bébés et qui se font baptiser comme croyants). Dans certains pays, le baptême peut à lui seul faire encourir la peine de mort. Nous ne devrions pas le prendre à la légère, même si nous pouvons le prendre avec joie.

Car nous ne sommes pas laissés dans la tombe aquatique. Autrement, les Eglises seraient rapidement à court de membres! Mais être sorti de l'eau a beaucoup plus de signification que le besoin pratique de recommencer à respirer et d'éviter la noyade. Ressortir de l'eau a autant de sens que le fait d'être submergé.

Le baptême est une résurrection tout autant qu'un ensevelissement. C'est un commencement aussi bien qu'un achèvement, le début d'une vie nouvelle et pure aussi bien que la fin de la vie ancienne et sale.

Ce qui est arrivé jadis à Jésus arrive maintenant à ses disciples. Tout le monde avait pensé que son ensevelissement était la fin pour lui. Mais il a conduit à la résurrection et à une toute nouvelle dimension de vie. Il en est de même pour ceux qui sont baptisés. Si nous avons été ensevelis avec lui, nous sommes aussi ressuscités avec lui à une vie nouvelle et à un nouveau style de vie (Romains 6.4).

Je pense que la définition la plus simple du "chrétien" est "quelqu'un qui suit Jésus". Mais ceci pourrait être interprété (et mal interprété) de bon nombre de façons différentes. Pour certains cela a voulu dire: essayer de vivre comme il a vécu (que ferait Jésus?) ou chercher à appliquer à soi-même les principes de son enseignement moral (qu'a dit Jésus?).

Le concept néo-testamentaire de disciple ne commence ni par sa vie, ni par son enseignement, quels qu'importants qu'ils soient. Le point d'entrée dans le royaume des cieux sur la terre doit se trouver dans la mort, l'ensevelissement et la résurrection de Jésus - et les nôtres. Suivre Jésus, c'est mourir à l'ancienne vie du moi et du péché, l'ensevelir et être ressuscité pour vivre une vie nouvelle. C'est précisément ce qui se passe au baptême – et la raison pour laquelle il marque le début de la marche chrétienne.

Pourtant, lorsque Paul développe ce thème dans sa lettre aux Romains, il le porte beaucoup plus loin, avec un choix de mots plutôt surprenant. Au lieu de dire que nous sommes ensevelis et ressuscités *comme* Christ, il dit que nous sommes ensevelis et ressuscités *avec* Christ – presque comme si cela arrivait en même temps à Christ et à nous!

Il est clair qu'une vérité plus profonde se fait jour, et il est nécessaire d'y consacrer un chapitre entier.

5

Un cas d'identification

Nous utilisons des mots pour communiquer notre pensée les uns aux autres, mais si nous voulons que les mots soient compris, ils doivent être définis au préalable. Le verbe "identifier" est employé de deux façons différentes dans le langage courant.

Le sens usuel est celui de "reconnaître". Identifier une chose veut dire reconnaître à qui elle appartient et lui donner un nom.

Le sens plus subtil est celui "d'associer". Il se limite en général aux personnes. S'identifier *à* quelqu'un (remarquez la préposition), c'est être étroitement associé à lui au point de partager ses pensées et ses sentiments, ses points de vue et son caractère, et même se trouver traité de la même manière. C'est comme si son "identité" vous avait été transférée.

Cette expérience "d'identification" repose au cœur de l'évangile chrétien et de la réponse que nous y donnons.

Jésus-Christ s'est identifié à nous

Tout d'abord, **en se faisant homme**. Il avait toujours été le Fils de Dieu, égal à son Père en puissance et en gloire, collaborant à la création et au maintien de l'univers. Mais son Père voulut "l'envoyer" sur notre planète pour nous sauver de nous-mêmes; et il est "venu" de son plein gré, tout en sachant que sa mission comprendrait la totalité de l'expérience d'être humain (hormis le péché).

Ainsi, il choisit de naître (la seule personne qui l'ait jamais fait), de devenir un fœtus dans le sein d'une mère, un bébé à sa mamelle, un garçonnet à l'école et un charpentier dans son atelier. Confronté à la tentation et à la souffrance, il a appris tout à nouveau ce que signifie l'obéissance à son Père céleste, au travers de la soumission à son beau-père terrestre.

Toute cette préparation en vue de sa tâche principale dura trente ans. Il est presque impossible d'imaginer la patience et l'humilité qui lui furent nécessaires, étant conscient de qui il était (ce qu'il savait assurément déjà vers l'âge de douze ans; Luc 2.49). Personne d'autre n'a jamais été disposé, et encore moins capable, d'opérer un tel changement de style de vie.

Ce que nous comprenons, c'est qu'il est devenu l'un de nous, véritablement l'un de nous. Nous osons dire qu'en Jésus, Dieu lui-même s'est identifié à la race humaine. C'est à la fois un miracle et un mystère, mais c'est la vérité.

Ainsi, durant les trois premières décennies de sa vie, le Fils de Dieu a été considéré comme un simple être humain parmi les autres. Pendant cette période il a eu beaucoup d'amis et aucun ennemi (Luc 2.52). Mais tout cela devait changer.

Deuxièmement, **en étant baptisé**. Son cousin Jean fut horrifié de le voir faire la queue avec ceux qui attendaient d'être débarrassés de leur péché par le bain dans le fleuve. Pour Jésus c'était autant inutile qu'inapproprié. Il n'avait aucun péché à confesser et à se faire pardonner. Jésus fit taire ses objections en disant que, pour lui, le baptême serait un acte d'obéissance, la chose convenable à accomplir, une chose que le Père lui avait dit de faire. Ce qui fut confirmé par une forte voix venue du ciel (que beaucoup ont prise pour un simple coup de tonnerre), elle disait: *"Tu es mon Fils bien-aimé, objet de mon affection"* (Luc 3.22).

Par ce simple geste, Jésus s'identifiait au peuple pécheur d'Israël, se mettait au rang des pécheurs, se soumettait à un bain en leur compagnie, comme s'il était tout aussi sale qu'eux. Tous ceux qui ont assisté à la scène ont pu aisément supposer qu'il avait quelque péché secret à confesser dont ils n'avaient pas connaissance. Si telles étaient leurs pensées, il était peu probable que Jésus essaie de les éclairer, sa réputation étant le cadet de ses soucis.

Le baptême marqua le début de ses problèmes. En même temps qu'il le lançait dans sa mission de salut, il le conduisit rapidement aux conflits, premièrement avec le diable et ses démons, plus tard avec des adversaires humains, les riches, les religieux et les respectables, en particulier. En l'espace de quelques mois, il avait éveillé l'hostilité des autorités juives et bientôt sa vie fut en danger. Après avoir échappé à un certain nombre de tentatives d'assassinat, il se jeta délibérément dans le piège à Jérusalem. L'un de ses plus proches compagnons le trahit et il fut condamné à une mort horrible.

Troisièmement, **en étant crucifié**. Ceci allait être son plus grand acte d'identification aux êtres humains pécheurs. Il est à remarquer qu'il s'est lui-même référé à sa mort comme à un baptême: "*Il est un baptême dont je dois être baptisé, et combien je suis pressé qu'il soit accompli*" (Luc 12.50). Jérusalem n'est séparé du Jourdain que d'une vingtaine de kilomètres, bien que quinze cents mètres plus haut. C'est comme si Jésus voyait son ministère public à l'image d'un itinéraire ascendant entre les deux, le menant d'un baptême à l'autre.

Cette fois-ci, il serait submergé par la souffrance, plongé dans la douleur. Accusé faussement des crimes capitaux de blasphème et de trahison, il fut traité comme le pire des criminels de la terre. Mais le plus choquant, c'est qu'il a été traité par Dieu comme s'il était lui-même responsable de tous les péchés qui ont jamais été commis dans le monde entier. Et Jésus a accepté cette humiliation comme s'il la méritait.

A l'époque personne ne comprit ce qui se passait. Au summum de la tragédie, Jésus même fut plongé dans la perplexité (Marc 15.34); mais ce ne fut qu'un moment fugace qui nous révèle sa réelle humanité. Il savait avant de mourir, et il l'expliquerait une fois ressuscité des morts, que c'était la raison pour laquelle il était venu et que c'était la plus grande chose qu'il pourrait jamais faire pour nous.

Mais que faisait-il pour nous? Laissons la parole à ses apôtres. Pierre: "*[Il] a porté nos péchés en son corps sur le bois*" (1 Pierre 2.24). Paul: "*Celui qui n'a pas connu le péché, il l'a fait devenir péché pour nous*" (2 Corinthiens 5.21). Jean: "*Et cet amour consiste... en ce qu'il nous a aimés et qu'il a envoyé son Fils comme victime expiatoire pour nos péchés*" (1 Jean 4.10). En d'autres termes, il s'est identifié à nous au point que nos péchés sont devenus siens et qu'il a payé pour eux de sa vie.

Cependant, ce n'est que la moitié de l'histoire. Sa mort, tant à la place des pécheurs qu'en leur faveur, ne peut être d'aucun profit pour eux tant qu'ils ne se l'appliquent pas à eux-mêmes. L'identification comporte deux facettes.

Les chrétiens se sont identifiés à lui

Ils sont entrés dans une relation si intime avec Jésus que ce qui lui est arrivé, leur est, dans un sens bien réel, arrivé à eux. Ils ne se contentent pas de croire que Jésus a été crucifié, enseveli et ressuscité *pour* eux; ils croient également qu'ils ont été crucifiés, ensevelis et ressuscités *avec* lui. Sa mort est leur mort. Sa tombe est leur sépulture. Sa résurrection est leur nouvelle vie.

Le baptême est au centre de tout cela. Il est par excellence un acte d'identification avec Jésus (lire à nouveau Romains 6, mais cette fois-ci les versets 1 à 14). Nous sommes baptisés "*en*" Christ. Et, tout comme nous revêtons de nouveaux vêtements (secs) après avoir été immergés, nous avons "revêtu" Christ (Galates 3.27).

Nous avons pris son identité. Notre ancienne identité est désormais secondaire par rapport à la sienne, que nous soyons Juifs où non-Juifs, homme ou femme, esclave ou libre. En Christ, chacun de nous est maintenant "un homme nouveau", un "fils" et, par conséquent, un "héritier". En tant que tels, nous avons maintenant la possibilité de réclamer les bénédictions promises au seul descendant mâle d'Abraham (lire la totalité du chapitre trois de la lettre de Paul aux Galates). Nous hériterons même de la terre entière; tout est à nous en Christ.

Les problèmes y compris! Etre identifié avec Christ signifie partager ses souffrances. Si son baptême a conduit à des conflits, le nôtre a toutes les chances de faire de même. S'il a été haï, nous le serons aussi. Il a toujours manifesté une parfaite honnêteté à ce sujet, et a promis à ses disciples de "gros problèmes" dans ce monde, il les a avertis que le suivre serait porter chaque jour une croix, être l'objet de l'hostilité et de l'humiliation. Ne partagez pas son baptême dans le Jourdain si vous n'êtes pas prêts à partager son "baptême" à Jérusalem (Marc 10.38).

Si nous sommes persécutés à cause de notre identification à Jésus (et *uniquement* pour cela), c'est à la fois la preuve de notre justice (2 Timothée 3.12) et la promesse de notre récompense (Matthieu 5.11s). Nous partagerons la gloire qui a suivi ses souffrances et la joie qui a suivi sa honte (Luc 24.26; Hébreux 12.2). Nous considérerons même comme un honneur et un privilège d'être traités aussi mal que lui (Actes 5.41; Romains 5.3s). Si nous persévérons, nous régnerons avec lui (2 Timothée 2.12).

Nous pouvons dire tout cela autrement. Si nous avons pris l'identité de Christ, nous portons désormais son nom. Ce "nom" fait tout autant que l'eau partie du baptême.

6

Qu'y a-t-il dans un nom?

Jean le baptiseur voyait dans l'immersion un acte de repentance, précédé de la confession et conduisant au pardon. Le changement était d'ordre moral et réglait les péchés du passé. Ainsi il regardait vers l'arrière et était pour l'essentiel négatif: une séparation d'avec ce qui avait été mauvais.

Nous avons vu que cet aspect a continué d'être un élément essentiel du baptême chrétien. Cependant, après la mort, l'ensevelissement et la résurrection de Jésus, il a revêtu une bien plus grande signification, qui a donné à l'acte un sens plus positif et tourné vers l'avenir. Il ne s'agit plus seulement d'avoir ses péchés enlevés, mais d'entrer dans une relation avec le Sauveur. Le lavement est devenu également un enterrement, suivi d'une résurrection. Les liens de Satan sont brisés et les liens de Christ forgés.

En fait, le baptême signifiait tellement plus désormais que ceux qui n'avaient connu que celui de Jean ont été rebaptisés. Bien qu'identiques pour ce qui est de la forme extérieure (immersion dans l'eau), ces baptêmes différaient par les mots utilisés. Les personnes étaient maintenant baptisées "*au nom du Seigneur Jésus*" (Actes 19.3-5).

Ce nom était sur les lèvres de la personne qui baptisait et de celle qui était baptisée. Le premier utilisait le nom comme l'autorité qui lui permettait d'accomplir la cérémonie et le dernier était encouragé à "*invoquer son nom*" pour l'accomplissement de son but (Actes 22.16; cf. 2.21). Cela correspondait à l'ambivalence de ce nom.

D'une part, son nom était imprégné *d'autorité*. Jésus qui était monté au ciel était maintenant aux commandes de tout l'univers (Matthieu 28.18). Chaque baptême est fait en obéissance à son ordre et représente une nouvelle addition à son royaume.

D'autre part, son nom communiquait la *puissance*. En son nom, des maladies étaient guéries, des démons chassés et même le processus de la mort était inversée. Les deux thèmes centraux de la prédication des premiers chrétiens étaient le royaume de Dieu et le nom de Jésus (Actes 8.12). Le lecteur est invité à parcourir le livre des Actes et à souligner le mot "nom". Il sera tout à fait surpris.

Celui-ci n'a jamais été considéré comme une incantation magique. Le "nom" n'aurait été d'aucune utilité sans la personne et la position qu'il sous-entendait. Combien cela nous aide quand une personne haut placée parvient à nous faire obtenir ce dont nous avons besoin en nous envoyant là où il faut avec ces paroles d'encouragement: "Vous n'aurez qu'à prononcer mon nom". C'est exactement ce que Jésus nous a dit de faire quand nous prions Dieu, son Père (Jean 16.23).

Faire une chose quelconque en son nom, c'est la rendre significative. En fait, les chrétiens devraient *tout* faire (et dire) en son nom (Colossiens 3.17), et ceci parce que les baptisés portent désormais son nom. Leur conduite et leur conversation lui donneront une bonne ou une mauvaise renommées aux yeux du monde. C'est une responsabilité solennelle.

Le baptême est fait "au" nom de Jésus. Nous échangeons notre nom contre le sien, et non contre un nom nouveau qui nous soit propre (l'habitude de donner un nouveau nom "chrétien" au baptême est une jolie coutume et peut aider à prendre un nouveau départ, mais elle n'est pas essentielle et elle pourrait retirer quelque chose au nom de Jésus). C'est *sa* vie que nous allons vivre, et non plus la nôtre (Galates 2.20). Ainsi, il est tout à fait juste que son nom soit à la fois prééminent et fréquent dans un baptême. Il n'y a sur la terre aucun autre nom qui puisse sauver un pécheur (Actes 4.12).

*****

Avant de quitter ce thème, il est nécessaire de se pencher sur une ambiguïté dans les Ecritures qui a conduit à certaines controverses. Tout au long du livre des Actes, le baptême est fait "au" ou "dans le" nom de Jésus, Jésus-Christ ou le Seigneur Jésus – mais toujours "Jésus". Pourtant, un verset, et lui seul, dans les Evangiles, lie une formule "trinitaire" au baptême (Matthieu 28.19: "*au nom du Père, du Fils et du Saint-Esprit*"). Même en se limitant à ce seul verset, il est un peu déroutant, parce que "nom" est singulier et que ni "Père" ni "Fils" ne sont véritablement des noms.

Le débat sur la nécessité d'employer un ou trois noms a parfois atteint le point où chaque partie a déclaré l'autre non valable et exigé un "re-baptême". Les Eglises traditionnelles ont insisté sur la formule trinitaire, tandis que des communautés plus nouvelles ont insisté sur le nom "Jésus". Il est important de ne pas mettre dans le même sac ceux qui n'emploient pas une formule trinitaire dans le baptême et ceux qui ne croient pas que Dieu soit trois personnes en une (cette deuxième position n'est pas conforme aux données du Nouveau Testament et doit à juste titre être considérée comme une hérésie).

Comment pouvons-nous expliquer l'apparente contradiction entre ce que Jésus a dit aux apôtres de prononcer et ce qu'ils ont véritablement dit? Ont-ils oublié, mal compris, modifié ce qu'il a dit ou encore y ont-ils désobéi? Aucune de ces possibilités ne correspond à ce que nous connaissons d'eux, en particulier après qu'ils aient été remplis de l'Esprit de vérité, dont une partie de la tâche était de veiller à ce qu'ils retiennent les paroles de Jésus (Jean 14.26). Il a bien dû le faire pour Matthieu, ainsi que pour les autres apôtres!

La seule conclusion qui corresponde aux faits est que, pour les apôtres, le simple nom de "Jésus" valait pour les trois personnes de la Divinité, et invoquait par conséquent leur présence et leur bon plaisir au baptême. Après tout, le Père était le Père de Jésus; le nom du Fils était Jésus et l'Esprit était l'Esprit de Jésus. Connaître Jésus c'était connaître le Père et l'Esprit.

Si la formulation de Matthieu (qui n'apparaît qu'une seule fois) est utilisée, le nom puissant de "Jésus" peut être complètement omis. Si la formulation des Actes (qui revient de nombreuses fois) est employée, l'implication du Père et de l'Esprit peut échapper. Il y a beaucoup plus de justificatifs à l'emploi du nom "Jésus", mais ma propre pratique a consisté à employer les deux formes d'une manière complémentaire: "Au nom du Père, du Fils et du Saint-Esprit, nous vous baptisons en Jésus-Christ, dans sa mort, son ensevelissement et sa résurrection". En disant "nous", je parle au nom de l'Eglise de Christ tout entière, mais nous avons par ailleurs toujours été deux pour faire le baptême (ainsi l'accent n'était pas mis sur la personne qui baptise).

Cependant, je crois que le Seigneur n'est pas aussi tatillon et inflexible que les autorités ecclésiastiques ont tendance à l'être. Ce qui, selon moi, a beaucoup plus d'importance pour lui, et devrait en avoir pour nous, c'est l'état spirituel de celui qui est baptisé.

Quelles sont les qualifications nécessaires au baptême? Quand une personne est-elle prête pour cet événement unique de la vie? Quand est-elle prête à porter son nom?

7

Pour le croyant repentant seulement

Sans l'homme remarquable qu'était Abraham, je ne serais pas en train d'écrire ce livre et vous ne seriez pas en train de le lire. C'est de lui que nous apprenons que la foi signifie en même temps confiance et obéissance.

A l'âge de quatre-vingts ans, il quitta une maison confortable et se mit à vivre sous une tente pour le restant de ses jours, la plantant dans un pays qu'il n'avait encore jamais vu, mais que Dieu promit à lui et à ses descendants, bien que sa femme et lui soient trop âgés pour avoir des enfants. Il crut que Dieu ferait de lui le père de nombreuses nations et une bénédiction pour la terre entière. Une foi aussi absolue plaît à Dieu autant qu'une vie parfaitement bonne (Genèse 15.6).

Les musulmans, les Juifs et les chrétiens considèrent tous Abraham comme leur "père", bien que pour des raisons différentes. Les Arabes font remonter leurs ancêtres physiques jusqu'à lui au travers d'Ismaël (dont Dieu a promis qu'il ferait une grande nation avec douze princes; Genèse 17.20). Les Juifs font remonter jusqu'à lui leur lignée au travers d'Isaac; leurs revendications des promesses de Dieu, y compris celle de la terre "sainte", reposent sur cette hérédité. C'est ainsi que tous les hommes (les femmes ne pouvant hériter) furent circoncis le huitième jour comme sceau de leur héritage; ce qui signifiait tout simplement qu'ils remplissaient déjà les conditions requises par leur naissance (tandis qu'ils seraient disqualifiés si la circoncision n'était pas faite; Genèse 17.10-14).

Les chrétiens, quant à eux, sont devenus "fils d'Abraham" parce qu'ils partagent sa foi, et non sa chair (Romains 4.16); ils ne peuvent remplir par leur naissance les conditions requises, et c'est la raison pour laquelle il n'y a pas d'équivalent chrétien de la circoncision des bébés garçons. La foi d'Abraham était vraiment surprenante. Il a été prêt à sacrifier son seul fils légitime, Isaac, parce qu'il croyait que Dieu pouvait le ressusciter des morts (Hébreux 11.19). Il se satisfaisait de vivre sous une tente parce qu'il croyait qu'il vivrait un jour dans une cité merveilleuse, conçue et érigée par Dieu lui-même (Hébreux 11.10; nous savons qu'il s'agit de la *"nouvelle Jérusalem"* – Apocalypse 21.10-27). Il exulta de joie quand Jésus vint vivre parmi ses descendants (Jean 8.56); car Abraham est encore bien vivant (Marc 12.26s).

Ceux qui croient comme il a cru, deviennent ses enfants (Galates 3.7). C'est ainsi que les non-Juifs deviennent éligibles à l'héritage de la promesse qui lui a été faite (Galates 3.14). Mais ils le deviennent au travers de leur foi, et non de leur chair. Et cette foi s'exprime dans le baptême, pour le descendant mâle d'Abraham qu'est Christ. Tandis qu'Abraham a été prêt à quitter son ancien pays et à aller dans un nouveau, par le baptême, nous disons au revoir à notre ancienne vie et nous en commençons une nouvelle dans la confiance et l'obéissance.

Paul établit ce lien entre Abraham et le baptême dans le passage déjà cité (Galates, chapitre 3, en particulier les versets 26-29: *"Vous tous, qui avez été baptisés en Christ... vous êtes la descendance d'Abraham, héritiers selon la promesse"*). C'est parce que le baptême repose sur la foi d'Abraham et non sur sa chair, qu'il nécessite notre consentement et notre coopération; le baptême représente le choix volontaire d'avoir confiance en Christ et de lui obéir.

C'est aussi la raison du lien fréquemment fait entre lui et la "conscience" dans le Nouveau Testament (par exemple Hébreux 10.22; 1 Pierre 3.21). On ne peut hériter de la foi. Dieu n'a pas de petits-fils.

La foi est donc l'exigence fondamentale pour celui qui veut être baptisé. Il est indispensable que la foi soit déjà exercée *avant* le baptême, pour qu'elle puisse être efficace. En dépit de la grande quantité de foi qu'il peut y avoir dans la famille du candidat ou dans l'Eglise qu'il fréquente, rien ne peut remplacer sa confiance personnelle en Jésus.

Alors, qu'est-ce que la foi, cette "foi qui sauve", qui, comme elle le fut pour Abraham, nous sera "*comptée comme justice*" (Romains 4.20-22)?

Elle est fondée sur des faits et non sur des sentiments. Ces faits sont les événements historiques de la mort, de l'ensevelissement et de la résurrection de Jésus, le Fils de Dieu. Elle est intensément personnelle, croire qu'il a connu tout cela "pour nous" (Romains 4.23-25) signifie que c'est aussi "pour moi" (Galates 2.20). C'est aussi croire que sa mort sur la croix peut effacer mes péchés. C'est croire en lui et lui obéir pour le restant de nos jours.

Je peux avoir cette foi à l'intérieur de moi-même, mais elle doit s'extérioriser pour que les autres le sachent (y compris celui qui décidera de me baptiser). Je peux avoir une attitude juste à l'égard de Jésus, mais je ne peux le prouver que par des actions appropriées. Jacques, le frère de Jésus, insiste sur un point: la foi sans les actes ne peut sauver, elle est aussi morte qu'un cadavre (Jacques 2.14-26). Ainsi quels sont ces "actes" ou ces "œuvres" de la foi?

Ils sont au nombre de deux. La foi doit s'exprimer en paroles et s'exercer dans des faits. La foi est dite et faite (plus qu'elle est pensée et ressentie).

Ce qui est dans le cœur se révèle par la bouche. Si la foi est réelle dans le cœur, elle émergera sous forme de paroles qui seront dirigées dans deux directions. Premièrement, le croyant véritable *"**invoquera** le nom du Seigneur"*, il s'adressera directement à lui et implorera son aide (Actes 2.21; *"invoquer"* signifie clairement parler à haute voix). Deuxièmement, le croyant véritable *"**confessera**"* devant d'autres personnes que Jésus est vivant et qu'il est désormais son Seigneur (Romains 10.9s). Mais la foi doit être mise en pratique tout autant qu'elle est professée, si elle veut être convaincante (Jacques 2.18s).

La foi implique une prise de risque. C'est un saut dans l'inconnu, saut fait en croyant que le Seigneur nous soutiendra et nous portera. C'est nous reposer sur lui pour qu'il nous guide et pourvoie à nos besoins, plutôt que de compter sur d'autres sources de sécurité. C'est tenter des choses qui sont au-delà de nos propres ressources et capacités. Mais nous ne devons faire ces choses que lorsqu'il nous le dit. La ligne qui sépare foi et témérité est ténue. Des aventures imprudentes sont plus une façon de tenter Dieu que de nous confier en lui (Matthieu 4.7). Il est impossible de séparer la dépendance de l'obéissance.

La façon dont nous exercerons notre foi sera différente pour chacun de nous. La vie des saints présente une étonnante variété; nous devons imiter leur foi mais ne pas chercher à reproduire leurs prouesses. Nous tirons de leurs exploits une inspiration et non une instruction. Le Seigneur peut nous demander ou ne pas nous demander de construire une arche ou de fonder un orphelinat!

Il y a cependant un exercice de la foi commun à tous les croyants, quel que soit leur âge, leur classe sociale, leur race ou leur sexe. Celle-ci doit commencer avant le baptême, tout en devant se poursuivre après lui. Nous ne pouvons avoir aucun doute sur le fait que le Seigneur veut que nous le fassions, parce que *"Dieu... annonce maintenant à tous les hommes, en tous lieux, qu'ils aient à se repentir"*

(Actes 17.30). Alors que signifie "*se repentir*"?

Souvenez-vous d'Abraham, qui a dû quitter son ancienne situation avant d'être en mesure d'aller vers la nouvelle que Dieu avait prévue pour lui? Il a dû faire une rupture nette avec les relations et les associations qui auraient pu le retenir, même ses possessions foncières. Il a dû dire "Non" à tout cela afin de pouvoir dire "Oui" à Dieu. La repentance est le côté négatif de la foi.

Jean baptisait "en vue de la repentance". Son baptême était le point culminant d'une rupture nette avec une façon égoïste et pécheresse de vivre et d'une volonté de laisser tout derrière soi. Un nouveau départ vers l'avenir implique une rupture nette avec le passé.

La repentance est, comme la foi, fondée sur des faits et non sur des sentiments. Le fait est que nous avons tous défié l'autorité de Dieu, rompu ses lois, pollué sa création, blessé ses enfants, gâché son plaisir, ignoré ses appels, refusé son amour, provoqué sa colère et mérité son jugement. Par-dessus tout, nos péchés sont responsables de la crucifixion de son Fils, qu'il avait envoyé pour nous sauver.

Quand nous prenons conscience de ce que nous avons fait contre nous-mêmes, nous ressentons du regret. Quand nous prenons conscience de ce que nous avons fait aux autres, nous ressentons du remords. Mais nous ressentons de la repentance quand nous prenons conscience de ce que nous avons fait à Dieu. Toutefois les sentiments différent d'une fois à l'autre et d'une personne à l'autre. La repentance ne se mesure pas au volume de nos larmes, même si leur absence montre à quel point le péché a durci nos cœurs.

La repentance doit, comme la foi, s'exprimer par des paroles et s'exercer par des actes. Elle aussi est dite et faite.

Il faut confesser ses péchés

Il est relativement aisé et presque inutile de dire: "Je suis pécheur" (qui ne l'est pas?). Dire: "J'ai péché" et préciser de quelle façon est beaucoup plus difficile et porteur de beaucoup plus de guérison. La véritable confession est toujours précise: les péchés plus que le péché. Il est utile de nommer les péchés (à haute voix) dans la présence du Seigneur, et dans la présence d'un autre croyant compréhensif.

Les torts doivent être redressés

Ceci n'a guère de chance de se passer si les péchés n'ont pas été mentionnés de façon spécifique. Ce n'est qu'en y faisant face un par un que l'Esprit Saint peut également nous montrer ce qui doit être fait. En pardonnant le passé, Dieu ne nous encourage pas à nous en éloigner; il veut nous donner la grâce de revenir en arrière et de redresser les choses. Abroger la peine divine ne signifie pas nécessairement que les conséquences humaines soient réglées.

Quand Zacchée prit la décision de rembourser avec intérêt toutes les personnes qu'il avait lésées, Jésus dit: "*Aujourd'hui le salut est venu pour cette maison*" (Luc 19.9). La repentance est très pratique. Jean-Baptiste en a donné quelques exemples terre-à-terre: donner des vêtements et de la nourriture supplémentaires, être honnête dans les tractations d'affaires et se contenter de son salaire (Luc 3.7-14). Elle sera différente pour chaque personne et mettra l'accent sur les choses qui nous ont retenus dans l'esclavage du péché et de Satan. Il faudra rompre certaines relations et en restaurer d'autres. Les dettes devront être réglées, et même les crimes avoués. Il pourra y avoir des lettres à écrire, des coups de fil à passer, des étagères et des placards à nettoyer, des choses à jeter ou à détruire (Actes 19.19).

Avant de baptiser quelqu'un, Jean demandait que soient

produits de tels "*fruits dignes de la repentance*" (Luc 3.8). De même, Paul a annoncé à ses auditeurs la nécessité de "*la conversion à Dieu, avec la pratique d'œuvres dignes de la repentance*" (Actes 26.20).

Le baptême ne s'adresse pas à ceux qui *professent* être des croyants repentants, mais à ceux qui *prouvent* qu'ils le sont. Toute personne demandant le baptême devrait consentir à mettre en évidence qu'elle est prête; et toute personne appelée à baptiser devrait l'exiger.

La repentance et la foi ne peuvent se prouver que si elles sont déjà mises en pratique. Elles doivent toutes deux commencer avant le baptême pour qu'il ne soit pas un rituel vide de sens, incapable d'accomplir quoi que ce soit. Elles doivent toutes deux continuer après le baptême, car la repentance et la foi sont un style de vie. Une bonne fin est tout aussi importante qu'un bon départ. Pour s'assurer de cela, un croyant a besoin de deux baptêmes, un dans l'eau, l'autre dans l'Esprit.

A NOTER

Pour des renseignements plus complets sur ce chapitre, voir:
Comprendre la Repentance par Ed Roebert
Comprendre la Foi par Colin Urquhart

8

Eau et Esprit

Beaucoup de personnes attendent trop peu de choses de leur baptême. Quelques-unes en attendent trop.

Le problème est de rester propre. Le premier péché après le baptême peut être traumatisant. L'ai-je annulé? Est-ce qu'il n'a pas marché? N'y a-t-il eu aucun changement? Est-ce que je ne me suis pas assez repenti ou n'ai-je pas cru assez? Des doutes intérieurs de ce genre peuvent conduire à la déception, à la désillusion ou même au désespoir.

Quelques personnes envisagent de demander un autre baptême, pour être à nouveau nettoyées. Si on allait dans cette voie, le baptême pourrait devenir une habitude régulière! C'est ce qui s'est parfois passé (chez les chrétiens coptes d'Ethiopie, par exemple). Il y a des siècles, certains ont repoussé le baptême jusqu'à leur lit de mort, pour minimiser le risque de l'invalider par des péchés qui l'auraient suivi. Toutes ces distorsions sont réglées par le correctif apporté par Jésus au raisonnement de Pierre quand ce dernier, ayant en un premier temps refusé que Jésus lui lave les pieds, lui a ensuite demandé à être lavé en entier: *"Celui qui s'est baigné n'a pas besoin de se laver sauf les pieds, mais il est entièrement pur"* (Jean 13.10).

Nous vivons dans un monde sale et nous avons de grandes chances de ramasser des saletés en le traversant. Mais il existe un remède à cela: si nous continuons à confesser nos péchés, il continue à nous pardonner et le sang de Jésus continue à nous purifier (1 Jean 1.7-9). Mais nous ne sommes tout de même pas censés poursuivre ce cycle indéfiniment? Pourquoi notre baptême ne rompt-il pas ce cercle vicieux et ne nous aide-t-il pas à rester propre?

Une partie de la réponse réside dans le fait que nous devons continuer à appliquer notre baptême. Puisque nous avons été ensevelis, nous devons constamment nous *"considérer"* (terme de comptabilité) comme *"morts"* (Romains 6.11). C'est le résumé pratique de notre baptême. Si nous sommes trempés et pensons que notre vieille nature est encore vivante c'est parce que nous gardons les habitudes de l'ancien corps et les souvenirs de l'ancienne mémoire. Mais nous devons (et nous pouvons) reprogrammer nos pensées. Nous souvenir de notre baptême est un moyen d'y parvenir. Nous pouvons prouver que Satan bluffe en lui rappelant, à lui comme à nous, nos funérailles!

Mais ce n'est qu'une partie de la réponse. L'immersion dans l'eau n'a jamais voulu être la solution entière et définitive au problème du péché. Elle a pour but de traiter des péchés passés et non des péchés futurs; de nous rendre propres et non de nous garder propres.

Jean-Baptiste était très conscient des limites de son ministère (il n'a jamais accompli de miracles, par exemple) et de la portée de son baptême. Il savait avec quelle facilité les péchés reviennent souiller une vie propre. Il ressentait qu'il préparait seulement la voie pour qu'un autre fasse, pour le peuple, deux choses supplémentaires qui feraient toute la différence dans le combat contre la tentation. Le peuple avait besoin que ses péchés soient "ôtés" et pas seulement pardonnés; et il avait besoin d'être "baptisé dans l'Esprit Saint". Ce serait la double mission du Roi à venir (Jean 1.29, 33).

A-t-il été surpris quand Dieu s'est servi d'une "colombe" pour signaler son cousin, Jésus, comme celui qui accomplirait ces deux choses? Ou Elisabeth, sa mère, lui avait-elle dit que Marie était la mère du "Messie"? Peut-être que la nouveauté était la prise de conscience qu'il y avait deux baptêmes et deux baptiseurs (tant Jean que Jésus sont appelés "le baptiste", le baptiseur, l'immergeur, le plongeur). Un baptême se faisait dans l'eau, ce que tout le monde pouvait faire; l'autre se faisait dans l'Esprit Saint, ce que Jésus seul pouvait faire.

L'expression *"baptisé dans l'Esprit Saint"* apparaît toujours sans l'article défini "le" (soit: baptisé dans Esprit Saint) dans la langue du Nouveau Testament (le grec). Cela souligne que l'Esprit est le *moyen* utilisé dans ce baptême et non l'*agent* qui l'accomplit. L'expression se trouve dans chacun des quatre évangiles, dans le livre des Actes et dans les épîtres (Matthieu 3.11; Marc 1.8; Luc 3.16; Jean 1.33; Actes 1.5; 11.16; 1 Corinthiens 12.13). D'autres expressions sont utilisées de façon interchangeable pour décrire le même événement: *"rempli"* de l'Esprit Saint; *"recevant"* l'Esprit Saint; *"scellés"* de l'Esprit Saint, *"oints"* d'Esprit Saint. Des descriptions plus spectaculaires parlent de l'Esprit *"survenant sur"* les personnes, *"tombant"* sur elles ou étant *"déversé"* sur elles. La richesse du vocabulaire est indicatrice de la richesse de l'expérience.

Il existe très clairement un lien étroit entre les deux baptêmes. Ils se produisent en général très proches l'un de l'autre, quoique jamais simultanément. La plupart du temps, le baptême dans l'Esprit arrive peu de temps après celui dans l'eau, comme ce fut le cas de Jésus (Matthieu 3.16). Son expérience fut prise par l'Eglise primitive comme le schéma général auquel s'attendre. Parfois, il se passait beaucoup plus tard (Actes 8.16) et une fois juste avant (Actes 10.46; c'était parce que le Juif, Pierre, n'aurait jamais baptisé des non-Juifs avant de voir cette preuve incontournable que Dieu les avait acceptés).

Après avoir prêché son premier sermon, Pierre dit à ses auditeurs que si chacun d'eux se repentait et était baptisé, non seulement ils seraient pardonnés mais il recevraient également le même don de l'Esprit que ses amis et lui venaient tout juste de recevoir (Actes 2.38). Quand Paul a rencontré quelques disciples qui n'avaient pas "reçu" l'Esprit Saint, la question qu'il leur a immédiatement posée concernait leur baptême d'eau, montrant ainsi combien les deux étaient étroitement liés dans sa pensée. En apprenant qu'ils n'avaient connu que le baptême de Jean en vue de la repentance, il les conduisit à la pleine foi en Jésus et les baptisa en son nom dans l'eau; après cela, Jésus les baptisa dans l'Esprit, en réponse à la prière de Paul pour eux (Actes 19.1-7).

Ainsi les deux baptêmes vont ensemble. Les deux sont nécessaires, les deux sont gratuitement disponibles et devraient être recherchés. Etre nettoyé et laissé vide n'est pas seulement frustrant et même déprimant; c'est positivement dangereux. Jésus a raconté la parabole de huit esprits impurs s'installant dans une maison propre mais vacante où un seul esprit avait vécu auparavant (Matthieu 12.43-45).

Il y a, dans le Nouveau Testament, deux versets qui unissent les deux baptêmes d'une façon tout à fait profonde. L'un est bien connu, l'autre passe presque inaperçu. Ils se trouvent dans deux livres différents, par contre ils ont les mêmes numéros de chapitre et de verset. Les deux traitent de "nouvelle naissance" ou "régénération".

Dans le premier, Jésus explique à un théologien juif (Nicodème) que la vie dans le royaume de Dieu commence par une nouvelle naissance, qu'il décrit comme naître *"d'eau et d'Esprit"*, ce qui implique être d'abord mis *dans* l'eau et l'Esprit (Jean 3.5). Un seul verbe et une seule préposition pour deux noms indiquent à la fois la similarité et la différence des deux, ainsi que le lien étroit qui les unit.

Dans le second, Paul donne des instructions à Tite pour qu'il rappelle à ceux qu'il a instruits qu'ils n'ont pas été "sauvés" *par* leurs bonnes œuvres, mais *en vertu de* la grâce de Dieu et *au travers* du "bain de la régénération" (que Calvin, comme de nombreux autres érudits, a pris comme une référence au baptême) et du "*renouveau du Saint-Esprit; il l'a **répandu** sur nous avec abondance*" (Tite 3.5).

Il n'est pas difficile de reconnaître le baptême d'eau; tant participant que spectateur savent exactement quand il se passe. Il devrait y avoir la même certitude à l'égard du baptême de l'Esprit, bien qu'il semble y avoir des doutes considérables à ce sujet.

Cela est peut-être dû à une notion très répandue dans l'Eglise à l'heure actuelle que ce baptême est automatique et généralement inconscient. Les tenants de ce point de vue se départagent ensuite entre ceux qui pensent qu'il arrive pendant la dispensation d'un sacrement, que ce soit le baptême ou la confirmation (point de vue "catholique") et ceux qui pensent qu'il est concommittant à la conversion (point de vue "évangélique"). La faiblesse de cette façon de voir se révèle dans la répugnance extrême à employer la terminologie biblique pour décrire ce qui s'est passé, parce qu'elle est dès lors tout à fait impropre (par exemple: "baptisé" ou "immergé" dans l'Esprit, l'Esprit "déversé" ou "tombé sur").

La vérité est que le baptême de l'Esprit néo-testamentaire était à la fois audible et visible. Quelque chose se passait, de sorte que tant participants que spectateurs savaient *si* cela s'était passé et *quand* cela s'était passé. Un érudit biblique a pu dire que c'était "aussi net que d'attraper la grippe". Le lecteur pourra aisément vérifier cette affirmation (voir par exemple: Actes 8.16-18; Galates 3.2).

Ainsi quelle est donc la preuve extérieure que le baptême de l'Esprit a eu lieu? Dans le cas de Jésus, une "colombe" s'est posée sur sa tête; le jour de la Pentecôte, des flammes firent de même. Mais ces deux "signes" ont été spécifiques de ces deux occasions particulières et ne se sont jamais répétés. Ce qui s'est passé dans tous les autres cas est que les personnes ont été "remplies" de l'Esprit Saint au point qu'elles ont débordé. Comme la bouche est l'exutoire naturel de tout ce dont nous sommes remplis (la peur nous fait hurler, l'amusement nous fait rire, la peine nous fait gémir), il n'est pas surprenant que ce soit là que le débordement soit apparu.

En de nombreuses occasions, ils ont déversé des paroles dans un langage qu'ils n'avaient jamais parlé jusque-là (ce qui n'est pas pour nous surprendre puisque c'est Dieu qui est responsable à l'origine de toutes les langues différentes et qui les parle toutes; Genèse 11.9). En d'autres occasions, ils ont éclaté dans une louange ou une prophétie spontanées dans leur propre langue (Actes 10.46; 19.6). Même les badauds savaient que quelque chose se passait, même s'ils n'en tiraient pas les conclusions correctes (Actes 2.13s) ou n'apportaient pas la réponse attendue (Actes 8.18s).

Bien que ce débordement oral ait été aussi spontané, il n'était imposé à personne. L'Esprit Saint nous traite comme des personnes, pas comme des marionnettes. Il ne nous fait pas faire ce que nous ne voulons pas faire. Nous pouvons réprimer ses impulsions en nous et refuser de "le laisser sortir". Les peurs et les inhibitions peuvent retarder le baptême de l'Esprit tout comme c'est le cas pour le baptême d'eau.

Quand nous sommes suffisamment désespérés d'obtenir une chose donnée, nous continuons à la demander. Ainsi priez pour que cela se passe, comme Jésus l'a fait, juste après son immersion dans l'eau (Luc 3.21). Nous n'avons pas non plus besoin de craindre que Dieu permette que nous recevions quelque chose de nuisible: *"Si donc, vous qui êtes mauvais, vous savez donner de bonnes choses à vos enfants, à combien plus forte raison le Père céleste donnera-t-il l'Esprit Saint à ceux qui le lui demandent*" (Luc 11.13).

D'autres peuvent prier pour que vous "receviez" l'Esprit Saint. Ils peuvent le faire en "***élevant des mains pures***" vers le ciel (1 Timothée 2.8) ou en "***imposant les mains***" sur vous, ce qui est une forme très efficace et significative de prière, tout à fait appropriée dans cette circonstance (Actes 8.17; 19.6). Un verset suggère que c'était une pratique habituelle dans l'Eglise primitive (Hébreux 6.2).

Trempés dans l'eau et saturés dans l'Esprit, telle est la description des premiers membres de l'Eglise apostolique du Nouveau Testament. C'est ce qui leur donnait la qualification requise pour être membres. C'est ce qui faisait d'eux des membres.

A NOTER

Bien que le baptême de l'Esprit ne soit pas vraiment le sujet de ce livre, il est à ce point lié au baptême d'eau qu'il était impossible de ne pas en parler. Pour de plus amples informations, nous recommandons:

Comprendre l'Esprit Saint par le docteur Bob Gordon.

9

La porte de l'Eglise

On entend dire en général que tout baptême devrait être public. Beaucoup le voient comme un témoignage devant les autres que quelqu'un appartient maintenant à Jésus-Christ. Ils trouvent un précédent à cette façon de voir dans la "*belle confession, en présence d'un grand nombre de témoins*" de Timothée (1 Timothée 6.12, bien qu'il ne soit pas fait ici de mention spécifique du baptême).

Le spectacle de l'immersion ne laisse certainement pas indifférent. Un défi est lancé aux incroyants quant à leur volonté (ou leur manque de volonté) de faire de même et, par conséquent, quant à la question de leur relation avec le Seigneur. Il est rappelé aux croyants leur propre baptême, ce qu'il a signifié, et signifie toujours, pour eux; il leur arrive souvent de vouloir sauter à nouveau dans l'eau (réaction similaire à celle des témoins d'un mariage).

Pour les participants, le baptême offre une occasion merveilleuse de "rendre publique" leur foi. Ils montrent qu'ils n'ont pas honte d'être associés à Jésus, quels qu'en soient le prix ou les conséquences. C'est un rappel que si nous le renions, il nous reniera (Marc 8.38; 2 Timothée 2.11s).

Ceci dit, il est extrêmement difficile de considérer le baptême uniquement comme un témoignage public. D'une part, l'immersion dans l'eau perd de son sens. Pourquoi le "témoin" devrait-il être mouillé? Serait-ce un moyen de tester notre courage au travers d'une humiliation publique? Cela ne semble guère en accord avec le caractère de notre Seigneur.

Ce qui est plus important encore, c'est qu'il n'y a dans le Nouveau Testament aucune indication, explicite ou implicite, que le baptême doive être administré en public. Dans bon nombre de cas, il est douteux qu'il y ait eu beaucoup de spectateurs, voire même aucun (Actes 8.36; 9.18; 16.33). Il n'y a non plus aucune preuve que l'Eglise ait dû se rassembler pour l'occasion, bien qu'il ne fasse aucun doute qu'elle l'ait fait quand c'était possible, et il y a des raisons évidentes que cela soit souhaitable, même si ce n'est pas essentiel.

Il n'y a que deux personnes nécessaires: celle qui baptise et celle qui est baptisée. Et il peut se faire partout où il y a assez d'eau (Jean 3.23). Pourvu qu'il soit administré à un croyant repentant au nom de Jésus, le baptême est parfaitement valide.

Le baptême est fondamentalement une affaire *individuelle*. Remarquez l'accent que Pierre place dans son premier sermon: "***Repentez-vous***, *et que **chacun** soit baptisé...*" (Actes 2.38). L'évangile est pour "*quiconque croit*" (Jean 3.16). Des maisonnées entières n'ont été baptisées que lorsque chacun de leurs membres (y compris tous les parents et les esclaves) a répondu à la prédication de la foi (Actes 16.33s; 18.8).

De façon paradoxale, bien qu'il puisse être fait en privé, le baptême n'est cependant pas une affaire *privée*! Pour dire les choses autrement, il est administré à l'individu, mais il constitue la fin de son individualisme. Nous ne sommes peut-être pas baptisés *dans* une communauté, mais nous sommes baptisés *pour entrer dans* une communauté. Cela peut ne pas être de la première évidence, aussi allons-nous retourner sur nos pas pour revenir à une partie précédente de notre explication (Chapitre 5).

Quand nous sommes baptisés en Christ et que nous prenons son nom, notre propre identité fusionne avec la sienne. Nous sommes unis à lui et "devenons un" avec lui. Nous sommes *aussi* unis à tous les autres qui ont été baptisés en Christ, identifiés et unis à lui. Nous ne sommes plus des individus isolés que séparent nos différences de race, de sexe ou de classe. Nous sommes maintenant "*tous... un* (littéralement 'un seul homme') *en Christ-Jésus*" (Galates 3.28; remarquez le contexte du baptême). Jésus a uni les Juifs et les non-Juifs en "*un seul homme nouveau*" (Ephésiens 2.15).

Nous pouvons aborder cette vérité sous un autre angle. Quand nous sommes baptisés en Christ, nous sommes joints à tout son être. Il est impossible d'être uni à la "tête" dans le ciel sans devenir partie de son "corps" sur la terre.

Cette unité entre les croyants baptisés est un fait accompli. Elle existe dès le moment où nous nous identifions avec Christ. Comme le dit Paul: "*Il y a un seul corps et un seul Esprit, comme aussi vous avez été appelés à une seule espérance, celle de votre vocation; il y a un seul Seigneur, une seule foi, un seul baptême, un seul Dieu et Père de tous, qui est au-dessus de tous, parmi tous et en tous*" (Ephésiens 4.4-6; à remarquer: le caractère trinitaire de cette unité, la centralité de la foi et du baptême, dans cet ordre, et, pardessus tout, la nature et le dessein complet de Dieu).

Mais cette unité doit être "*conservée*" (Ephésiens 4.3), elle peut donc être perdue. Elle doit être exprimée et mise en évidence, ce qui exige de notre part des efforts considérables. Ce n'est qu'un exemple supplémentaire de notre besoin d'extérioriser le salut que Dieu a mis en nous (Philippiens 2.12s). Le lieu où nous devons tout d'abord le faire est l'Eglise locale.

Jésus a utilisé le mot "Eglise" de deux façons. Quand il a dit: *"je bâtirai mon Eglise"* (Matthieu 16.18), il parlait clairement de la compagnie *universelle* de tous ses disciples, qui s'élève maintenant à des millions de personnes, tant sur la terre que dans le ciel. Cette unité consiste à avoir une seule tête divine, et non des quartiers généraux humains! Mais quand il a dit: *"dis-le à l'Eglise"* (Matthieu 18.17), il faisait clairement référence à la communauté *locale* à qui l'un de ses membres pouvait s'adresser.

Quand nous sommes baptisés en Christ, nous devenons automatiquement membres de l'Eglise universelle, sans que nous ayons le moindre choix sur ce sujet et sans la moindre action de notre part. Par contre, choix et action sont nécessaires pour devenir membre de l'Eglise locale, en particulier quand il y en a plus d'une dans un rayon convenable de là où nous vivons ou travaillons.

Pour les nouveaux chrétiens il est en général sage de se joindre à l'Eglise locale où ils ont été amenés à la foi en Christ et au baptême en son nom. Si cela n'est pas possible, ils devraient en rechercher une qui soit le plus proche possible de leur situation physique et de leur compréhension spirituelle. En cas de difficulté, la Tête de l'Eglise est toujours disponible pour toute consultation: priez à ce sujet! Il veut voir tous les "bébés nouveau-nés" soignés comme il faut dans une famille de frères et sœurs aimants.

Bien sûr, la famille doit être désireuse de prendre cette responsabilité. Personne ne devrait être baptisé sans qu'on se soit assuré que quelqu'un prendra soin de lui, que ce soit au sein de cette Eglise-là ou d'une autre. Les nouveaux convertis devraient être accueillis comme membres sans autre qualification supplémentaire que celle de s'être repentis de leurs péchés envers Dieu, d'avoir cru en Jésus-Christ comme Sauveur et Seigneur, avoir été baptisés dans l'eau et avoir reçu l'Esprit Saint.

Ce sont les quatre marches du perron de l'Eglise et elles devraient suffire comme qualification pour devenir membre; on ne devrait rien attendre de plus (et rien de moins) à ce stade-là. Hélas, nombreuses sont les Eglises qui ajoutent leurs propres conditions et rendent ainsi plus difficile la possibilité d'être membre de l'Eglise locale que celle d'être membre de l'Eglise universelle! Bien sûr, il y a beaucoup d'autres marches à franchir, mais le reste de l'escalier se trouve à l'intérieur de la maison, pas à l'extérieur. Les enfants appartiennent à une famille avant d'apprendre comment ils doivent s'y comporter.

Le transfert de disciples adultes d'une Eglise locale à une autre est une question toute différente. Il est alors juste d'attendre d'eux une démonstration de leur cohérence avec les normes biblique de croyance et de comportement, accompagnée de l'acceptation de la discipline de la part de responsables reconnus.

Ainsi, alors que le baptême ne fait pas, dans son essence, d'une personne un membre de l'Eglise locale, il devrait y conduire le plus tôt possible. Prétendre appartenir à l'Eglise de Christ tout en restant à l'écart de tout engagement dans une Eglise locale serait aussi incongru que de vouloir être un soldat sans rejoindre un régiment ou un marin sans rejoindre un équipage.

Il y a encore quelque chose à dire concernant l'appartenance à une Eglise. Etre membre d'une Eglise n'est pas la même chose qu'être membre d'un club ou d'une société, ce qui implique avoir son nom sur les registres, payer ses cotisations, assister aux rencontres, élire les membres du bureau et d'une manière générale encourager ses objectifs et ses activités.

L'Eglise n'est pas tant un ensemble de personnes qu'un corps appartenant à une Personne. Comme un corps humain, elle comporte des membres et des organes qui doivent fonctionner de façon coordonnée sinon le corps tout entier tombe malade. Si une partie est retranchée, le corps est "démembré". Les fonctions les moins visibles sont souvent les plus importantes. Aucune ne peut se passer des autres.

Tout cela s'applique à l'Eglise (lire 1 Corinthiens 12). Le rôle ou la fonction exacte de chaque membre ne relève pas de son choix ni de celui des autres membres. Ils sont décidés par les trois personnes de la Divinité (1 Corinthiens 12.4-6), bien qu'ils soient découverts par les membres.

Les fonctions diverses sont des capacités surnaturelles, des dons de grâce (en grec elles sont appelées charismata, d'où nous tirons le mot "charisme"). Nous avons le droit, c'est même un ordre, "d'aspirer" aux meilleurs dons (1 Corinthiens 14.1), mais nous ne pouvons les choisir. Et nous ne devons pas y aspirer pour obtenir un statut, mais pour le service. Quand et comment ces dons commencent-ils à fonctionner?

Le baptême d'eau peut nous introduire dans le Corps de Christ, mais c'est le baptême de l'Esprit qui libère nos dons. *"Car c'est dans un seul Esprit que nous tous, pour former un seul corps, avons tous été baptisés... et nous avons tous été abreuvés d'un seul Esprit"* (1 Corinthiens 12.13; remarquez la répétition de *"un seul"* et notez que le temps du verbe se réfère à un événement fait une fois pour toutes). Ce verset est central pour un chapitre tout entier consacré aux dons spirituels, qui ensemble édifient (verbe associé au nom "édifice") le Corps de Christ.

L'Esprit produit du fruit aussi bien que des dons, un caractère aussi bien que des capacités. Le fruit sans les dons peut limiter le corps, mais les dons sans le fruit peuvent lui porter préjudice. Ce fruit (singulier) a neuf parfums (Galates 5.22s). A eux tous ils reproduisent le caractère de Christ, en particulier son plus grand attribut qu'est l'amour.

Ainsi, que ce soit sous l'angle communautaire ou sous

l'angle individuel, les deux baptêmes sont nécessaires et intimement liés l'un à l'autre. Tant la personne que le peuple de Christ doivent être séparés du passé de péché (par le baptême d'eau) et approvisionnés d'une puissance sanctifiante (par le baptême dans l'Esprit Saint).

Dans l'Ancien Testament, comme dans le Nouveau, Dieu nous dit: *"Vous serez saints, car je suis saint"* (Lévitiques 19.2; 1 Pierre 1.16). Pour cela nous aurons besoin de toutes les aides qu'il nous propose.

*****

Vous en savez maintenant plus qu'assez sur le baptême d'eau pour décider tant ce que vous en pensez que ce que vous allez en faire. Vous pourriez fermer ce livre ici et ne pas vraiment manquer grand-chose.

Cependant, les chrétiens et les Eglises ne sont pas tous d'accord avec tout ce que j'ai dit jusqu'ici. Il est triste de constater que le baptême a été le sujet de beaucoup de controverses au long des siècles et il existe quelques différences profondes concernant son sens et sa pratique, comme vous le découvrirez bientôt, si vous ne l'avez pas encore fait. Il y a quelque chose que vous pouvez faire pour cela et quelque chose que je peux faire.

Si vous deviez vous trouver mêlé à une discussion, relisez ce livre, et vérifiez toutes choses à la lumière de la Bible. Si vous ne pouvez trouver mon enseignement dans ses pages, alors oubliez-le. Si par contre vous l'y trouvez, acceptez-le de la part du Seigneur plutôt que de la mienne.

Pour ma part, j'ajoute deux autres chapitres et un Appendice pour vous aider à réfléchir à certaines questions qui ont été débattues et qui ont même été source de division.

Inévitablement, je vais partager mes propres conclusions. Il est impossible de rester neutre ou "objectif" sur un sujet qui demande un engagement personnel plus qu'une opinion désintéressée. J'ai honnêtement étudié tous les autres points de vue, mais ai toujours cherché à laisser l'Ecriture parler d'elle-même et décider à ma place.

Il y a trois questions que je vais m'efforcer de discuter avec vous:

– Le baptême ne se résume-t-il pas à un symbole? (Chapitre 10)

– Devons-nous être baptisés pour être sauvés (Chapitre 11)

– Doit-on baptiser les bébés? (Appendice)

10

Symbole ou sacrement?

Les symboles sont des images qui pointent au-delà d'elles-mêmes vers quelque chose d'autre, mais ne font pas plus que cela. Les signaux routiers en font largement usage, pour prévenir d'une courbe accentuée, d'un passage à niveau ou de travaux. Il existe ensuite des actes symboliques, comme le geste international pour faire de l'autostop qui consiste à agiter la main, le pouce pointé dans la direction désirée.

Beaucoup pensent que le baptême n'est qu'un symbole, un rituel qui en *dit* long, mais ne *fait* rien de concret. Il représente beaucoup, mais ne reproduit rien. Il ne fait qu'avoir l'air d'un bain et d'un ensevelissement, mais n'est en aucun cas réellement cela. Il nous rappelle certaines réalités dans l'expérience chrétienne, mais ne les fait pas s'accomplir. Ce n'est qu'une illustration spectaculaire.

Voici trois conséquences importantes qui découlent de cette façon de voir:

Premièrement, le symbole se trouve séparé, dans le temps, de la réalité à laquelle il correspond. Quand un croyant est baptisé, cela dépeint un événement dont on croit qu'il a déjà eu lieu dans le domaine spirituel. Quand un bébé est baptisé, le décalage dans le temps est bien plus grand puisque le symbole représente un événement qui pourrait ne pas se produire avant de nombreuses années.

Deuxièmement, le symbole devient secondaire par rapport à la réalité qu'il représente; et par conséquent pas vraiment nécessaire. La partie vraiment essentielle du baptême devient le bain et l'ensevelissement "spirituels" et non l'acte extérieur. Le baptême court dès lors le danger de devenir un supplément optionnel, même s'il peut paraître utile ou désirable.

Troisièmement, – et ce faisant on compense parfois l'apparente dévaluation du baptême qui découle des positions précédentes – l'accent bascule de ce que le Seigneur fait pour nous dans le baptême à ce que nous faisons pour lui. Le baptême n'est plus "nécessaire" que comme acte d'obéissance (ou de témoignage pour les autres). Il fait quelque chose pour Dieu, mais rien pour nous. C'est un acte plus humain que divin.

Pourtant, le Nouveau Testament ne parle pas du tout de cette façon. Le langage utilisé pour le baptême est plus instrumental que symbolique. Il est fait *pour* le pardon des péchés, il *est* un bain de régénération, il *est* un ensevelissement et une résurrection avec Christ (Actes 2.38; Tite 3.5; Romains 6.3s). Saul, qui est devenu Paul, a été exhorté à ne pas retarder son baptême mais à entrer dans l'eau et avoir ses péchés lavés (Actes 22.16).

C'est le langage de l'action divine, mais pas celui d'actes humains. L'accent est placé sur ce que le baptême accomplit, ou plutôt sur ce que le Seigneur fait dans le baptême. Les effets du baptême sont attendus au moment du baptême. Symbole et réalité sont simultanés, parce que l'un communique l'autre. La mise en acte visible ne renvoie pas à un événement passé ou futur; c'est un événement présent, se produisant sous les yeux du spectateur.

C'est ce qui est entendu quand on l'appelle un "sacrement". Le mot signifiait à l'origine un serment d'allégeance (fait par un soldat romain à son empereur, appelé "sacramentum"); mais, dans l'Eglise, il est utilisé pour ces actes qui servent d'intermédiaire à la grâce de Dieu. Une définition bien connue dit: "signe extérieur et visible d'une grâce intérieure et invisible." Cependant, même cette définition pourrait être mal comprise comme "un simple symbole". Aussi soyons plus précis: un sacrement est "un acte physique aux effets spirituels".

Une telle définition offenserait un grand nombre de personnes; elles ne la considéreraient pas comme acceptable ni même possible dans le monde réel où nous vivons. Pourquoi trouvent-elles cette idée tellement difficile à accepter? Parce que leurs pensées ont été profondément influencées par la philosophie antique et par la science moderne.

L'éducation et la culture occidentales ont été beaucoup plus influencées par les idées grecques que par la pensée juive. Un trait important de la vision grecque du monde était la division entre la forme spirituelle et la forme physique, entre le sacré et le séculier, entre l'éternel et le temporel. Platon trouvait le monde spirituel plus réel, pour Aristote c'était le monde physique (c'est le premier a avoir enseigné l'évolution); mais chacun d'eux a séparé la réalité en deux parties. "L'âme immortelle" de l'homme doit être sauvée du corps, processus achevé par la mort.

La science moderne a eu tendance à établir la même distinction nette (laissant souvent tomber le "spirituel" comme irréel). La nature est considérée comme "un système clos", se contrôlant lui-même indépendamment de toute puissance extérieure, selon ses propres "lois" (point de vue qui commence à se fissurer à mesure que l'on découvre de plus en plus dans l'univers ce qu'on appelle le chaos aléatoire). Même si elle ne s'est pas auto-créée, elle est assurément auto-contrôlée, estime-t-on.

Tant la version ancienne que la version moderne de cette séparation entre le physique et le spirituel excluent toute interaction entre les deux. Le spirituel ne peut affecter le physique, ce qui exclut les miracles. Le physique ne peut affecter le spirituel, ce qui exclut les sacrements.

La pensée juive est tout à fait différente. Dieu est à la fois le Créateur et celui qui contrôle l'univers. Puisqu'il est Esprit, mais qu'il a créé la matière, les deux sont réels et étroitement corrélés. Le monde physique doit être affirmé et apprécié (le mariage est aussi honorable que le célibat). L'espérance future de l'homme repose dans la résurrection du corps et non dans l'immortalité de l'âme.

Toute la Bible repose sur cette compréhension juive de l'interaction physico-spirituelle. Entre autres choses, cela signifie que Dieu peut se servir d'objets et d'actions physiques pour accomplir des résultats spirituels. L'Ecriture est pleine de tels exemples "sacramentaux", à commencer par les deux arbres dans le jardin d'Eden, qui apportaient la mort et la vie. Moïse a pu agiter un bâton au-dessus de la mer Rouge et Dieu l'a séparée. Naaman a pu se baigner dans le Jourdain et sa lèpre a été guérie.

Ce lien entre le "naturel" et le "surnaturel" comporte des dangers. Adorer une idole (même si ce n'est qu'une masse de bois, de métal ou de pierre) peut conduire à entrer en contact avec les forces du mal qui hantent notre monde. C'est la raison pour laquelle le peuple de Dieu, le peuple d'Israël, n'avait pas le droit de porter des amulettes, de se servir de bâtons de divination ou de pratiquer les techniques des médiums.

Bien que le Nouveau Testament soit écrit en grec, il traduit toujours la pensée juive; tous ses auteurs (à l'exception du Docteur Luc, dont toute la documentation est juive) étaient juifs. Imposer les mains à un malade peut libérer la guérison divine. Même la salive mélangée à la boue peut rendre la vue à un aveugle.

Quand les premiers chrétiens mangeaient du pain et buvaient du vin, ils ne rappelaient pas simplement le sacrifice passé de Christ sur la croix; ils jouissaient de la participation présente ("communion") à son corps et à son sang (1 Corinthiens 10.16; remarquez l'avertissement qui suit contre le fait de manger de la viande consacrée aux idoles et la référence au baptême plus haut dans le même chapitre). Si le pain et le vin n'étaient pas pris de la bonne manière, les participants pouvaient être "jugés" par le Seigneur, souffrir de maladie et même de mort (1 Corinthiens 11.27-32).

Pourquoi, donc, trouverions-nous étrange que le baptême accomplisse ce qu'il symbolise, transmette ce qu'il représente, dispense ce qu'il dépeint? C'est tout à fait en accord avec la vision de la Bible tout entière. Dieu peut contrôler tout ce qu'il a fait, et c'est bien ce qu'il fait. Il communique avec nous au moyen de ce qu'il a fait. Il peut nous transmettre sa grâce et sa puissance au travers de tout ce qu'il a fait.

Ce n'est pas de la magie qui cherche à manipuler les forces surnaturelles à nos fins, qu'elles soient prétendument bonnes (magie blanche) ou mauvaises (magie noire). C'est Dieu qui choisit tant la fin que les moyens de notre salut. Nous ne cherchons pas à le forcer à faire quelque chose qu'il ne veut pas faire. Il aime donner à ses enfants un nouveau départ dans la vie; et c'est le moyen qu'il a choisi pour que cela se passe avec nous. C'est sa liberté de choix; notre liberté se limite à accepter son offre ou à la refuser.

Quand le baptême est expliqué de cette manière, deux objections sont en général faites par les chrétiens "évangéliques":

Premièrement, n'est-ce pas tomber dans l'erreur de la "régénération par le baptême"? Cette expression est habituellement prise comme signifiant que le baptême est *en lui-même* tout ce qu'il faut pour "naître de nouveau" dans le royaume de Dieu et être sauvé d'une éternité de perdition. Cela n'encourage-t-il pas un sentiment erroné de sécurité chez ceux qui ont reçu le sacrement mais n'ont pas de foi personnelle en Christ (peut-être la majorité de la population de certains pays européens)?

Cette distorsion est entretenue chaque fois que des bébés sont baptisés; car, dans leur cas, le baptême est administré pour lui-même. Cependant la liturgie employée énonce souvent, ou au moins laisse entendre, que le bébé est "né de nouveau" et "sauvé". Inéluctablement, l'impression laissée est que rien d'autre n'est nécessaire (autre raison majeure pour remettre en question l'ensemble de la pratique du baptême des enfants).

Dans le Nouveau Testament, le baptême n'est jamais "tout seul". Il est toujours précédé de la repentance et de la foi, et complété par le don de l'Esprit. Il n'est qu'une partie d'un complexe d'initiation, et ce n'est que dans ce cas qu'il est sensé "marcher". Ce n'est que dans ce contexte qu'il peut être appelé *"bain de la régénération"* (Tite 3.5).

Deuxièmement, cela ne fait-il pas du baptême un élément indispensable au salut? Et quelle en est alors la conséquence pour les croyants non baptisés? Par exemple, si le baptême est "pour" le pardon des péchés, est-ce que cela signifie que ceux qui ne sont pas baptisés ne sont pas pardonnés? Cette question mérite qu'on lui consacre un chapitre qui apportera une conclusion adéquate à notre étude.

11

Le baptême vous sauve maintenant

"Dois-je être baptisé pour être sauvé?"
Comme c'est le cas pour beaucoup de questions, celle-ci est chargée de sous-entendus et doit être analysée soigneusement (c'est la raison pour laquelle Jésus a souvent répondu à une question par une autre).

Le verbe "devoir" peut refléter une réticence à accepter la voie de Dieu pour faire les choses plutôt que la promptitude à suivre cette voie. C'est comme si nous voulions savoir le strict minimum requis, au lieu de vouloir tout ce que Dieu a pour nous. Chercher à "passer au travers" de ses exigences révèle un désir de placer nos propres conditions, désir qui est l'essence du péché et doit être inclus dans notre repentance.

Mais c'est sur le mot "sauver" que nous devons nous pencher plus sérieusement. Si l'on demandait à celui qui a posé la question: "Sauvé de quoi?", la réponse invariable serait: "De l'enfer". Le souci concerne le monde à venir plus que le monde présent, la vie après la mort plus que celle avant. C'est l'héritage d'une évangélisation simpliste qui présente l'évangile comme une police d'assurance pour la vie après la vie.

Le Fils de Dieu est venu sur terre pour nous sauver de nos *péchés*, et c'est précisément la raison pour laquelle il a été appelé Jésus (Matthieu 1.21; remarquez le pluriel "péchés"). Il est l'Agneau de Dieu venu pour ôter les péchés (encore un pluriel) du monde (Jean 1.29), pour briser leur pouvoir sur nous ainsi que pour porter la sentence à notre place, purifier nos vies dans ce monde et nous préparer pour la vie au ciel.

Ainsi la question devrait être reformulée: "Ai-je besoin d'être baptisé pour être sauvé de mes péchés dans ce monde?" Ou pour le dire de façon encore plus claire: "Puis-je commencer et continuer à vivre une vie propre sans le baptême?" Une fois que nous avons compris que le salut signifie "sauvetage des péchés" plus que "à l'abri de l'enfer", la question comme la réponse sont empreintes d'une toute autre acception.

Trop nombreux sont ceux qui veulent être heureux dans la vie à venir plutôt que d'être saints ici-bas. Ils veulent être saufs plutôt que sauvés. Ils cherchent un salut immédiat, voire instantané qui puisse être garanti aussi tôt et aussi vite que possible.

Cependant, le salut est un processus. Il prend du temps, le temps d'une vie. Il commence avec la justification (libération de la sentence du péché), se poursuit avec la sanctification (libération de la puissance du péché) et s'achève dans la glorification (libération de la présence du péché). Dans le Nouveau Testament le verbe "sauver" est employé au passé, au présent et au futur: nous *avons été* sauvés, nous *sommes en train d'être* sauvés et nous *serons* sauvés.

Jésus est venu la première fois pour commencer le processus en ôtant la barrière du péché entre nous et Dieu et en nous réconciliant avec lui. Il *"apparaîtra une seconde fois, sans qu'il soit question du péché, pour ceux qui l'attendent en vue de leur salut"* (Hébreux 9.28).

Le salut est un voyage, un "voyage du pèlerin". Le premier nom donné au christianisme a été "la Voie" (Actes 18.25s; 19.9, 23; 22.4; 24.22); ce qui était aussi l'un des titres que Jésus s'était attribué (Jean 14.6). Nous pouvons être certains d'être "sur la voie", bien que nous ne puissions être "saufs" avant d'être arrivés à destination. *"Celui qui persévérera jusqu'à la fin sera sauvé*" (Matthieu 24.13), celui qui demeure en Christ le "*vrai cep*" (Jean 15.1s), qui demeure dans "*la bonté de Dieu*" (Romains 11.22), qui achève la course (2 Timothée 4.7), court avec persévérance (Hébreux 12.1), affermit sa vocation et son élection (2 Pierre 1.10), se maintient dans l'amour de Dieu (Jude 21) et sort vainqueur de toutes les tentations d'abandonner (Apocalypse 3.5).

Pour arriver jusque-là, nous aurons besoin de toute l'aide que nous pouvons obtenir de la part du Seigneur. Se poser la question de savoir si une chose quelconque qu'il nous demande de faire est vraiment nécessaire trahit une confiance en soi qui prend de sérieux risques et une impudence qui défie la sagesse divine.

"Dois-je être baptisé pour être sauvé?" Les apôtres auraient été étonnés d'une telle question, qui ne leur a apparemment jamais été posée ni à quelqu'un d'autre; sinon la réponse se trouverait dans la Bible. Au contraire, nous rencontrons partout le fait acquis que le baptême est une étape essentielle "sur la voie". Pour eux un disciple non baptisé aurait été une contradiction de termes.

On ne trouve pas un seul cas de quelqu'un qui aurait été "sauvé" sans être baptisé *après* les premières Pâques et Pentecôte. Il y en a bien sûr eu quelques-uns *avant* cela. Zacchée en est un exemple et le brigand sur la croix en est un autre. Certains n'ont tout simplement pas pu être baptisés dans l'eau (le brigand cloué à la croix ne constitue un précédent que pour ceux qui se trouvent dans les mêmes circonstances!). Aucun ne pouvait être baptisé dans l'Esprit Saint, parce qu'il n'avait pas encore été donné (Jean 7.39). Mais ils ont tous fait tout ce qu'il leur était possible de faire; leur repentance et leur foi suffirent.

Il en va de même pour tous ceux qui ont été sauvés dans l'Ancien Testament. Leur foi remarquable, fondée sur beaucoup moins que la nôtre, est pour nous un exemple et un défi (lire Hébreux 11). Ils ont également fait ce qu'ils pouvaient.

Mais il existe aussi un principe biblique qui veut qu'à celui qui a reçu davantage il sera demandé davantage (Luc 12.48). Une fois que Christ a accompli tout ce qui était nécessaire pour notre salut, nous devons faire tout ce qui est nécessaire pour nous approprier ce salut et le faire nôtre.

Certains protestent en disant que cela introduit "l'hérésie" du salut par les œuvres, par nos efforts plutôt que par sa grâce. Mais en nous disant que *nous* devions nous repentir (et le prouver par nos actes), que *nous* devions croire (et le mettre en évidence par nos actions) et que *nous* devions être baptisés (dans l'eau et l'Esprit), les apôtres ne nous disaient pas que nous pourrions nous sauver nous-mêmes, et encore moins que nous pourrions mériter notre salut par nos bonnes œuvres. Ils nous disaient que c'est là le chemin pour être "sauvé par grâce". Quand Pierre exhortait ses auditeurs: "*Soyez sauvés de cette génération perverse*" (Actes 2.40; la traduction "*sauvez-vous*" est incorrecte et trompeuse), il leur donnait l'ordre: "*Repentez-vous, et que chacun de vous soit baptisé*" (Actes 2.38). Un homme en train de se noyer, tend la main et saisit la bouée de sauvetage qui lui est lancée ne s'illusionne pas à penser qu'il s'est sauvé tout seul!

Les apôtres n'ont jamais hésité à attribuer des effets "salvateurs" au baptême. Le titre de ce chapitre (Le baptême vous sauve maintenant) vient de la plume de Pierre (1 Pierre 3.21). Le baptême apporte le pardon des péchés (Actes 2.38), nous lave de nos péchés (Actes 22.16). Le baptême nous rend quittes du péché (Romains 6.4-7), purifie l'Eglise (Ephésiens 5.26), ensevelit et ressuscite avec Christ (Colossiens 2.12) et nous rend capables de nous approcher de Dieu (Hébreux 10.22). Il est le bain de la régénération et le nettoyage du renouveau (Tite 3.5).

En utilisant un langage aussi fort à propos du baptême,

les apôtres suivaient l'exemple de leur maître. C'est lui qui a dit: *"Celui qui croira et qui sera baptisé sera sauvé"* (Marc 16.16; il ajoute que ne pas croire suffit pour être condamné, impliquant par là que le baptême sans la foi ne peut sauver). C'est Jésus qui a parlé à Nicodème de naître *"d'eau et d'Esprit"* (Jean 3.5; pourquoi la plupart des prédicateurs ignorent "l'eau" ici, alors que la plupart des exégètes y voient une référence au baptême, comme en 3.22s et 4.1s?).

Nous sommes maintenant en mesure de répondre à la question par laquelle nous avons commencé; "Dois-je être baptisé pour être sauvé?" La réponse est: "Vous ne devriez même pas poser la question!" Elle est tout à fait déplacée chez une personne qui veut devenir disciple de Jésus et le suivre. Il a lui même été baptisé, pour *"accomplir toute justice"* (Matthieu 3.15). L'évangile ne doit pas simplement être "reçu"; il doit être "obéi" (Actes 16.32s; 2 Thessaloniciens 1.8).

Il est ridicule de vouloir être sauvé, mais de ne pas vouloir suivre la voie que Dieu a choisie pour nous sauver. C'est comme demander à un chirurgien de nous opérer sans utiliser son scalpel ou à un dentiste de soigner une carie sans employer la roulette! Nous venons à Christ selon ses termes ou pas du tout. C'est lui qui a décidé que chaque disciple devrait être baptisé (Matthieu 28.19).

Il n'est pas non plus nécessaire de comprendre toute la signification d'emblée. La majeure partie de l'enseignement du Nouveau Testament sur la signification du baptême est donné en rétrospective. Combien de personnes apprécient réellement toutes les implications de leurs vœux de mariage le jour de leurs noces? La cérémonie acquiérera davantage de signification avec le passage du temps, elle n'aura cependant jamais besoin d'être réitérée.

"Et maintenant, pourquoi tardes-tu? Lève-toi, sois baptisé et lavé de tes péchés, en invoquant son nom" (Actes 22:16)!

Mais ne pensez pas que cela signifie que vous avez été "sauvé"; cela signifie que vous avez pris un bon départ pour "être sauvé".

Vous n'êtes pas arrivé à destination, mais vous êtes parti dans la bonne direction. Tout ce qu'il vous reste à faire est de continuer et vous y arriverez. Quand vous y serez arrivé, vous vous souviendrez que votre voyage vers la terre promise a commencé en traversant l'eau. Il en a toujours été ainsi pour le peuple de Dieu.

APPENDICE

Bébé ou croyant?

A l'heure actuelle, la moitié environ des chrétiens professants du monde ont été "baptisés" dans les premières semaines de leur vie, sans qu'ils en aient connaissance et sans qu'ils aient été consentants. Cette proportion décroît maintenant régulièrement, mais la pratique a été la règle générale de l'Eglise durant la plus grande partie de son histoire.

Quand cette pratique a-t-elle commencé? Ou, ce qui est plus important, *pourquoi* a-t-elle commencé et pourquoi s'est-elle poursuivie si longtemps?

La plupart des spécialistes bibliques sont disposés à admettre que le baptême des enfants ne se trouve nulle part dans le Nouveau Testament. Cependant, certains revendiquent y trouver des références indirectes. On en a avancé six:

1. Jésus a béni les petits enfants (Marc 10.13-16). Cependant, ce n'étaient pas des nouveau-nés et il ne les a pas baptisés.
2. Pierre a dit: "*la promesse est pour vous, pour vos enfants, et...*" (Actes 2.39). Mais la promesse concernait le baptême de l'Esprit et non le baptême d'eau; de plus elle s'adressait aussi à "*tous ceux qui sont au loin*", en fait, tous ceux que le Seigneur appelle et qui répondent par la repentance, le terme "enfants" revêtant logiquement le sens de descendants.

3. Paul baptisait des maisonnées entières, qui devaient comprendre des bébés (par exemple: Actes 16.33). Pourtant les "maisonnées" incluaient tous les parents et les serviteurs également et il est spécifiquement déclaré que la parole était annoncée à tous dans la maisonnée et que tous reçurent et crurent (voir aussi Actes 18.8).
4. Paul dit que dans un mariage mixte le conjoint non-croyant est "*sanctifié*" et que les enfants sont "*saints*" (1 Corinthiens 7.14). Il n'est pourtant pas fait mention de baptême pour les enfants, encore moins pour le parent non-croyant.
5. Paul mentionne la circoncision et le baptême ensemble dans un même passage (Colossiens 2.11s). Mais c'est la seule mention de ce genre et elle se réfère à la circoncision "spirituelle" ("*qui n'est pas faite par la main des hommes*") et non à un rite physique: c'est-à-dire "le dépouillement de la chair" (l'ancienne vie), comme Christ est mort au péché sur la croix. Il est curieux qu'au milieu de tous ses arguments véhéments contre la circoncision physique (en Actes 15 et dans toute la lettre aux Galates), Paul n'ait pas une seule fois laissé entendre qu'elle était devenue caduque parce que remplacée par le baptême.
6. Paul dit aux enfants: "*Obéissez à vos parents selon le Seigneur*" (Ephésiens 6.1). Mais ces enfants-là sont assez âgés pour qu'on leur adresse la parole directement en tant que responsables et il n'est pas dit qu'ils sont "selon le Seigneur" en raison de leur naissance ou de leur baptême de petits-enfants (en fait, l'expression "selon le Seigneur" pourrait s'appliquer aux parents plus qu'aux enfants).

A ces passages, certains ajoutent la constatation générale que, dans une situation "missionnaire" (c.-à-d. pionnière), la première génération est obligatoirement constituée d'adultes convertis à la foi; ce n'est qu'à la seconde génération qu'il y aura des bébés à baptiser. Mais au début, il a certainement eu des parents avec des nouveaux-nés (le baptême des prosélytes juifs immergeait les parents avec leurs enfants, alors pourquoi ne trouve-t-on pas trace de cela dans le demi-siècle couvert par le Nouveau Testament?).

Le fait est que les Ecritures ne contiennent ni un exemple clair de baptême de bébé, ni une exhortation à le pratiquer. Le silence est assourdissant – et se poursuit jusqu'à la deuxième moitié du deuxième siècle. Même à ce moment-là, et pendant les temps qui suivirent, il est clairement l'objet de débats, voire de disputes. Au cours des quatrième et cinquième siècles, il est devenu normal et est resté tout au long des mille ans qui suivirent, même quand la "chrétienté" européenne s'est divisée entre les Orthodoxes à l'Est et les Catholiques à l'Ouest. Tout au long de cette période, il y a eu néanmoins quelques groupes indépendants de chrétiens qui ont conservé la pratique originale du baptême des croyants; mais ils étaient peu nombreux et persécutés.

Pourquoi le baptême des enfants (ou plus exactement le baptême des bébés) a-t-il été introduit? Trois raisons ont été avancées et la réponse est peut-être un mélange des trois:

Premièrement, au cours de la même période, l'Eglise est retombée dans certaines façons de faire de l'Ancien Testament. Les prêtres, les autels, les vêtements sacerdotaux, l'encens et autres attributs du "temple" sont apparus presque en même temps que les chrétiens reçurent la permission d'ériger leurs propres bâtiments. Il était peut-être inévitable qu'un équivalent de la circoncision suive.

Deuxièmement, comme l'Empire romain s'est trouvé en pratique, puis officiellement, "christianisé", pour devenir enfin "la chrétienté" (le royaume de Christ), la distinction entre l'Eglise et l'Etat s'est estompée de plus en plus. Etre membre de l'une et citoyen de l'autre devinrent une seule et même chose. Un bébé était considéré comme né dans les deux.

Troisièmement, et cela a probablement été la principale impulsion, on en est venu à croire et à enseigner que le baptême purifiait du péché "originel" (hérité d'Adam, avec sa culpabilité), plutôt qu'il ne lavait les péchés réels commis par la personne même. Puisque les bébés naissent avec le péché originel, ils iront en enfer à moins que celui-ci ne soit purifié. A une époque où la mortalité infantile était exceptionnellement élevée (en comparaison des taux actuels), il est compréhensible que les parents aient voulu le baptême pour leurs bébés dès que possible (en fait, en cas d'urgence, n'importe qui pouvait l'administrer, pourvu qu'il utilise de l'eau et prononce les paroles voulues, c'est-à-dire la formule trinitaire décrétée). Cette doctrine sévère a été modifiée plus tard: les bébés non-baptisés n'iraient que dans les "limbes", mais ne pourraient toujours pas être enterrés en terre "consacrée". Ce fait a laissé un héritage de peur superstitieuse autour de la naissance d'un enfant.

Les réformateurs "protestants" du seizième siècle sont passés de l'Eglise (Catholique) à la Bible comme leur autorité en matière de foi et de comportement. Ils ont rejeté bon nombre de traditions de longue date qui ne pouvaient être étayées par les Ecritures. Les principaux réformateurs (Luther, Calvin et Zwingli) ont tous rapidement pris conscience que le baptême des enfants n'était pas biblique (Luther l'appela "baptême des incroyants"!), pourtant aucun d'eux ne l'a aboli. Cette charge a été laissée aux réformateurs plus radicaux (appelés "Anabaptistes", ce qui signifie "deux fois baptiseurs"). Ce sont eux qui ont restauré la pratique du baptême des croyants; mais ils ont été persécutés pour cela, même par les Protestants, parfois ils ont même été noyés pour cela. Alors qu'est-ce qui n'a pas marché? Pourquoi la Réforme a-t-elle achoppé sur ce point?

La vérité est que les réformes ont été réalisées par la législation plutôt que par l'évangélisation. Des villes et des Etats entiers changèrent de catholiques à protestants par ordre et suivant l'exemple des autorités civiles. Le lien médiéval entre l'Eglise et l'Etat était trop utile pour être rompu. La limite entre les deux est restée floue; être membre de l'Eglise ou citoyen de la Nation n'étaient pas des notions clairement distinctes. On devenait l'un et l'autre par naissance. Alors comment les "réformateurs magistraux" (c.-à-d. ceux qui se servaient des pouvoirs de magistrat pour amener les réformes) ont-ils justifié cela à partir des Ecritures?

Luther argumente plutôt faiblement que personne ne peut dire si un bébé n'est pas un croyant et on peut supposer que les bébés ont la foi! Calvin (à Genève) et Bullinger (à Zurich) trouvèrent un autre moyen. Faisant un amalgame de toutes les alliances de la Bible (y compris "l'ancienne" de Moïse et "la nouvelle" de Christ) en *une seule* "alliance de grâce", ils ont ensuite expliqué que, de même que les Juifs ont hérité de l'alliance d'Abraham en naissant de sa chair, les enfants chrétiens font de même en naissant de parents chrétiens. Le baptême et la circoncision ont par conséquent un objectif identique: sceau de reconnaissance que le bébé est déjà entré dans "l'*unique* alliance", en vertu de sa naissance. Bien sûr, la circoncision laisse une marque indélébile plus appropriée à un "sceau", tandis que le baptême n'en laisse pas et peut être totalement oublié; mais peu importe.

Ainsi la pratique traditionnelle a été maintenue, mais l'argument pour la défendre a changé. En théorie, selon cette nouvelle façon de voir, le baptême devrait être strictement limité aux bébés dont les parents ont une connaissance salvatrice du Seigneur Jésus. Il ne l'est que rarement. On a dû même introduire les "parrains et marraines" pour pallier aux déficiences parentales.

Une autre raison a été trouvée plus récemment. Le baptême, dit-on, exprime la grâce "prévenante" (c.-à-d. qui précède) de Dieu. Baptiser les bébés exprime le fait que Dieu les aime avant qu'ils ne l'aiment. C'est Dieu qui prend l'initiative en les sauvant, même avant qu'ils aient conscience de lui. Tout cela est vrai, mais n'a rien à voir avec le baptême!

La plupart des Eglises qui "baptisent" les bébés ont dû introduire un autre rite (non biblique) appelé "confirmation", généralement fait au seuil de l'âge adulte, quand le bébé, grand maintenant, peut "confirmer" ce qui lui a été fait en le professant par lui-même. De telles cérémonies ne sont pas utiles quand le baptême est réservé aux croyants repentants, comme dans le Nouveau Testament.

Une chose est tout à fait claire. Le baptême ne peut s'appliquer aux bébés sans en changer radicalement le sens. Les trois raisons principales données pour justifier la pratique (le péché originel, l'alliance héritée et la grâce prévenante) ne sont pas les fondements du Nouveau Testament pour une pratique qui unit un bain pour ceux qui sont sales et une sépulture pour les morts.

Ce bref résumé ne saurait rendre justice aux divers points de vue et le lecteur est invité à se tourner vers un traitement plus approfondi du sujet – entre autres, ma propre étude: *La naissance normale du chrétien* et à écouter d'autres, mais principalement l'Esprit Saint au travers des Ecritures.

*****

Il reste deux questions très pratiques:

Premièrement, que faire de ceux qui sont venus à la repentance et à la foi, demandent le baptême, mais se le voient refusé parce qu'ils ont été "baptisés" bébé? Ceci peut créer des tensions et des frustrations de tous côtés.

Disons tout de suite que le baptême chrétien ne devrait (en fait, ne peut) être réitéré. Etre baptisé une "seconde" fois, c'est nier la validité de la "première". Il ne peut y avoir qu'un "seul baptême" (Ephésiens 4.5) dans une vie.

Mais cela ne résout pas le problème. Cela change la question en: Qu'est-ce qui rend un baptême *valide* (aux yeux du Seigneur plutôt qu'à ceux de l'Eglise)? Est-ce seulement ce que fait le baptiseur ou cela dépend-il aussi du *baptisé*? L'eau et les paroles prononcées suffisent-ils ou la repentance et la foi sont-elles des composants vitaux?

Tout en respectant les points de vue d'autres chrétiens et Eglises, la réponse doit être cherchée auprès du Seigneur lui-même. Cela signifie sonder les Ecritures (les trente passages sur le baptême qui se trouvent dans le Nouveau Testament), en demandant à l'Esprit de vérité de montrer si ce qui est dit à ce sujet s'est passé ou non dans la vie de la personne. Il ne vous abandonnera pas, pourvu qu'il lui soit permis d'avoir une influence prépondérante sur votre raisonnement.

Deuxièmement, que doit-on faire concernant les enfants désirant être baptisés? Y a-t-il un âge où on puisse les considérer comme prêts?

Les Juifs fixaient l'âge de douze ans pour assumer les responsabilités personnelles et spirituelles. Ceci ne peut être qu'une ligne directrice pour les parents chrétiens, mais devrait nous rendre prudents pour tout enfant en dessous de cet âge.

La véritable question n'est pas celle de l'âge, mais celle de l'attitude et de la compréhension. De façon surprenante, elles sont plus faciles à discerner quand l'enfant rencontre de l'opposition plutôt que des encouragements chez lui. Un enfant assuré de l'amour de ses parents et conscient de leur amour pour le Seigneur voudra naturellement leur ressembler.

La clef est peut-être de considérer la repentance aussi bien que la foi. Un enfant peut être prêt à dire "Oui" à Jésus, mais ne pas être encore prêt à dire "Non" au monde, à la chair et au diable. Savent-ils, ou même peuvent-ils savoir, ce qu'ils rejettent (par exemple, le mariage avec un incroyant)? Beaucoup d'enfants élevés dans un environnement chrétien protégé et baptisés très tôt coupent les ponts quand ils atteignent l'adolescence. Après avoir goûté au "pays éloigné", ils prennent conscience de leur erreur et reviennent à leur foi d'enfant. Invariablement, ils veulent alors être à nouveau baptisés ("Maintenant, je sais vraiment ce que je fais") et doivent être éconduits. Le baptême n'est pas pour ceux qui suivent la foi de leurs parents, mais pour ceux qui ont découvert la leur, pour la vie.

Comme il s'agit d'un événement unique dans la vie d'une personne, il semblerait bien préférable d'être trop lent que trop rapide. On fait plus de mal en précipitant les choses qu'en temporisant. Plus les enfants sont jeunes, plus nous devons être prudents.

Une dernière pensée. Le baptême devrait avoir lieu avant de participer au Repas du Seigneur. Si les enfants sont prêts à prendre le pain et le vin, ils sont prêts à prendre le baptême d'eau. Les deux sacrements s'adressent aux croyants repentants; les conditions requises sont les mêmes.

www.davidpawson.com

www.davidpawson.org

www.ingramcontent.com/pod-product-compliance
Lightning Source LLC
Chambersburg PA
CBHW071025080526
44587CB00015B/2495

9 781911 173120